墨香财经学术文库

"十二五"辽宁省重点图书出版规划项目

国家社会科学基金青年项目（11CJY099）研究成果

Research on the Dynamic Coordination
Mechanism of Interest Rate and
Exchange Rate Policies in China

我国利率政策与汇率政策动态协调机制问题研究

范立夫 ◎ 著

东北财经大学出版社
Dongbei University of Finance & Economics Press

大连

图书在版编目（CIP）数据

我国利率政策与汇率政策动态协调机制问题研究 / 范立夫著. 一大连：东北财经大学出版社，2020.12
（墨香财经学术文库）
ISBN 978-7-5654-4018-2

Ⅰ．我… Ⅱ．范… Ⅲ．①利率政策-研究-中国 ②人民币汇率-汇率政策-研究
Ⅳ．①F832.22 ②F832.63

中国版本图书馆CIP数据核字〔2020〕第213397号

东北财经大学出版社出版发行

　　大连市黑石礁尖山街217号　邮政编码　116025
　　网　　址：http：//www.dufep.cn
　　读者信箱：dufep @ dufe.edu.cn
大连永盛印业有限公司印刷

幅面尺寸：170mm×240mm　字数：143千字　印张：10.25　插页：1
2020年12月第1版　　　2020年12月第1次印刷
责任编辑：时　博　　　　责任校对：合　力
封面设计：冀贵收　　　　版式设计：钟福建
定价：48.00元

教学支持　售后服务　　联系电话：（0411）84710309
版权所有　侵权必究　　举报电话：（0411）84710523
如有印装质量问题，请联系营销部：（0411）84710711

墨香财经学术文库

"十二五"辽宁省重点图书出版规划项目

国家社会科学基金青年项目（11CJY099）研究成果

Research on the Dynamic Coordination
Mechanism of Interest Rate and
Exchange Rate Policies in China

我国利率政策与汇率政策动态协调机制问题研究

范立夫 ◎ 著

东北财经大学出版社
Dongbei University of Finance & Economics Press

大连

图书在版编目（CIP）数据

我国利率政策与汇率政策动态协调机制问题研究 / 范立夫著．—大连：东北财经
大学出版社，2020.12
（墨香财经学术文库）
ISBN 978-7-5654-4018-2

Ⅰ．我… Ⅱ．范… Ⅲ．①利率政策-研究-中国 ②人民币汇率-汇率政策-研究
Ⅳ．①F832.22 ②F832.63

中国版本图书馆CIP数据核字〔2020〕第213397号

东北财经大学出版社出版发行

　　大连市黑石礁尖山街217号　邮政编码　116025

　　网　　址：http：//www.dufep.cn

　　读者信箱：dufep @ dufe.edu.cn

大连永盛印业有限公司印刷

幅面尺寸：170mm×240mm　字数：143千字　印张：10.25　插页：1
2020年12月第1版　　　　2020年12月第1次印刷
责任编辑：时　博　　　　责任校对：合　力
封面设计：冀贵收　　　　版式设计：钟福建
定价：48.00元

"东北财经大学'双一流'建设项目
高水平学术专著出版资助计划"资助出版

前言

　　利率平价理论是阐述国内外利率水平差异对一国货币汇率起决定作用的基本学说。自凯恩斯最早提出该理论以来，许多西方经济学家对该理论进行了大量的探索和研究，尽管对于利率平价理论在不同国家成立与否得出了不同的结论，却使得该理论不断地发展和完善，已成为国际金融学的基本理论之一。

　　随着全球金融一体化趋势的不断深化，利率平价理论最显著的特征已不仅仅在于理论上提出了外汇市场上本国利率和外国利率差额与远期汇率升（贴）水的关系，更为重要的是，在实践中已成为投资者的决策指南和投机者的盈利工具，同时也是货币当局制定货币政策以调控宏观经济的重要依据。在利率平价理论分析框架下，国际资本流动成为汇率决定尤其是短期汇率决定的关键因素，在很大程度上解释了汇率的频繁波动现象，例如亚洲金融危机中一些国家汇率的巨幅波动，其始作俑者可以说是国际资本流动。

　　我国有很多学者对利率平价理论在中国的适用性等方面进行了实证研究。这些研究最初主要是一种推理性的定性分析，或是只在表象层面对利率平价理论在我国的应用进行了描述，或是对传统的利率平价理论进行了简单的修正。然而，在中国经济条件和金融体制都十分特殊的背景下，利率平价理论对人民币汇率的解释力并不强，传统的利率平价理论在中国难以成立，且在某种程度上不具有可操作性，从而缺乏应用价值。

本书以利率平价理论为立足点，结合我国经济运行实际，透视利率平价理论指导下遵循"中美利差原则"的中国货币政策实践。通过对"中美利差原则"指导下中国货币政策实践的分析，我们发现，国际资本的套利模式已由传统的利率平价理论中利差与汇差套利转向利差、汇差与资产价格套利，从而找到了传统的利率平价理论不能很好地解释国际资本大量流入我国的原因。

要使利率平价理论及其应用价值在我国更好地发挥作用，就要加入对资产价格套利视角的研究，对利率平价理论及其模型进行拓展和修正，构建加入资产价格因素的加权资产收益率模型，以使其更加契合我国的宏观经济实际，进而能够更好地解释人民币升值阶段与贬值阶段国际资本的流动问题。在此基础上，基于修正后的模型，考虑资产价格因素，有针对性地提出相关政策建议，也可以为货币当局相关政策的制定提供有价值的参考依据。

鉴于此，本书以传统的利率平价理论为基础，基于修正后的加权资产收益率模型，探讨我国利率政策与汇率政策的动态协调配合问题，具体结构安排如下：

第1章为绪论。本章简要阐述了本书的研究背景与意义，给出了本书的研究思路与基本逻辑框架。

第2章为理论基础。本章首先简要回顾了汇率决定理论，包括金融资产市场上的汇率决定理论——利率平价理论、商品市场上的汇率决定理论——购买力平价理论、巴拉萨-萨缪尔森效应；其次，梳理了几种具有代表性的均衡汇率理论，包括基本要素均衡汇率理论、自然均衡汇率、行为均衡汇率理论、均衡实际汇率理论，为后面的研究提供有效的理论支撑。

第3章为国内外研究现状。本章梳理了利率平价理论的相关研究文献。首先，对国外不同发展阶段的利率平价理论相关文献进行了综述，发现西方经济学家们对于该理论在不同国家成立与否得出了不同结论；其次，对国内学者就该理论的研究围绕检验利率平价理论模型在中国的适用性、利率-汇率联动协调机制、利率平价模型的修正三个方面进行了归纳分析；最后，在此基础上提出并阐述了值得进一步研究的问题。

第 4 章为"中美利差原则"约束下中国货币政策的实践。本章阐述了"中美利差原则"在我国的实践及夭折历程。我们将 2005 年"汇改"至 2019 年的人民币汇率变动划分为升值、波动、恢复升值和贬值阶段并进行描述性统计分析，详细剖析了人民币汇率中间价与离岸汇率的走势、中美 10 年期国债收益率相对变动趋势，得出先验性结论，即利差与汇率变动率幅度并不一致，从而初步证实了利率平价理论在我国难以成立；在此基础上，我们进一步剖析了中美利差原则指导下我国经济运行中出现的问题及货币当局最终对该原则的放弃，指出利率平价理论在我国不适用的主要原因是我国利率非市场化的制约和中美经济的动态不一致，为接下来借由"巴萨效应"诠释利率平价理论在中国的失效提供了事实经验。上述对我国货币政策实践的回顾也使国际资本的资产价格套利模式逐步清晰化，为利率平价理论模型的修正奠定了逻辑基础。

第 5 章为基于巴萨效应的实证检验。首先，通过对比中美两国经济增长的数据，详细阐述了中美经济发展不同步是"中美利差原则"失效的主要原因。根据巴萨效应，两国可贸易部门与不可贸易部门的相对生产率差异，导致两国经济发展不同步，使得生产率提高较快的国家会经历实际汇率长期升值。因此，在中美经济发展不同步的情况下，两国汇率长期来看必然处于动态变化的过程，"中美利差原则"所揭示的汇率与利率的关系长期并不存在，从而导致机械地遵循"中美利差原则"进行利率与汇率政策的协调在长期失效。其次，对国内外关于巴萨效应的实证分析进行梳理，为进一步构建合适的模型检验中国的巴萨效应奠定基础。最后，采用 1999—2018 年的中美季度数据实证检验巴萨效应在中国是否存在。结果显示，中美两国相对劳动生产率之差与人民币实际汇率呈现显著负相关关系，证明了巴萨效应在中国是显著成立的，进而根据中美两国生产率的差异及其变动趋势指出中美两国实际汇率存在一个先升值后贬值的长期均衡变化路径，从而为利率平价理论在中美两国长期不成立的观点提供了有效佐证。

第 6 章为利率平价理论模型的修正与拓展。本章结合当前流入我国的套利资金主要通过资产价格套利的经验事实，对利率平价理论中的套利模式进行修正，研究套利模式由利差与汇差套利转向利差、汇差与资产价格套利对利率平价理论的影响。在传统利率平价理论模型的基础上，引入马科维茨的资产组合理论，构建了加权资产收益率平价模型，丰富和拓展利率平价理论有关套利方式的内容。同时，结合我国外汇市场的发展实践，在修正后的模型中加入资本管制和交易成本因素，构造了基于修正模型的国际资本流动中性带，极大程度地还原了市场和制度摩擦对国际资本套利活动的影响。

第 7 章为跨境资本套利模式转变的实证分析。在经验研究和文献梳理的基础上，本章提出了相关的研究假设：首先，短期国际资本的套利模式向利差、汇差以及资产价格多重套利转变，汇率、资本流动以及利率差和资产价格差变动之间可能存在联动机制；其次，人民币的"量价双松"和"量价双紧"政策表明，变量之间的相互影响关系具有时变特征。通过构建人民币汇率对利率平价的偏离指标我们发现，就长期趋势而言，随着人民币汇率浮动弹性扩大，对利率平价的偏离程度在减小，短期内则表现出较频繁的波动。本章主要对人民币汇率的短期波动做出解释，以偏离程度指标作为人民币汇率的代理变量，并搜集资产价格的衡量指标，以及短期国际资本流动和中美利差变量，通过构建 TVP-VAR 模型考察变量间相关系数的时变特征，发现短期国际资本流动与资产价格、资产价格与人民币汇率之间存在显著的相互影响关系，验证了资本套利方式的转变，同时，脉冲响应分析结果表明，短期国际资本的资产价格套利活动对人民币汇率的影响通常具有短期性。

第 8 章为宏观政策的协调配合。由于防止利差套利的低利率政策并没有实现汇率稳定的预期目标，"中美利差原则"约束下的利率与汇率政策协调实践是低效的，因而在修正和拓展后的利率平价理论的基础上，从防止资产价格套利角度分析利率和汇率政策的协调配合问题是十分必要的。本章创新性地引入了汇率与资产价格决定的"大、小周期"理论，提出引入资产价格因素后各政策协调配合的创新性政策建议，主张以价格型政策平抑小周期内异常波动、以机制型政策巩固大周期内经济基础。大周期内的政策重点应放在金融体制改革与供给侧结构性改革上。在此基础上，本章详细阐述了金融层面的体制改革，包括推动利率与汇率形成机制的市场化、构建房地产市场的长效机制、健全人民币国际化背景下资本监管等政策建议。

本书是在国家社科基金青年项目最终成果的基础上修改完成的，是集体智慧的结晶与团队合作的成果。参与课题研究及书稿修订工作人员包括但不限于孔立平、曲春青、孙音、周继燕、李杨、侯垚鑫、廖询、王博、赵睿等，本书在撰写过程中也得到东北财经大学出版社领导和编校人员的大力支持和帮助，在此一并致谢。当然，文责自负，不足甚至错误之处恳请读者不吝指出。

范立夫

2020 年 5 月

▌目录

1 绪论

1.1 研究背景与意义

1.1.1 研究背景

  利率平价理论最初由凯恩斯于 1923 年提出，阐述了利率水平的差异直接影响短期资本在国际上的流动，从而引起汇率变动。该理论奠定了现代汇率理论的基础，之后西方学者又对其进行了较为深入的研究使该理论不断完善。2006 年年初我国经济进入加息通道之前，中国人民银行一直遵循着利率平价理论指导下的"中美利差原则"。2006 年 8 月 19 日中国人民银行宣布上调存款类金融机构人民币存贷款基准利率 0.27 个百分点之前，1 年期人民币存贷款利率一直维持在 2.25% 的水平，美国的联邦基金利率维持在 5.25% 的水平，人民银行一直试图维持中美之间 3% 的利差。根据利率平价理论，如果中美之间保持 3% 的利差，那么只要人民币的升值幅度在 3% 以内，跨境资本便没有投机人民币的空间，从而可以减轻人民币的升值压力。因此，央行一直倾向于维持较低的利率水平和较小的汇率弹性，但这一政策的实践效果却与央行的初衷相背离。在坚持"中美利差原则"的前提下，较低的汇率弹性使得我国的进出口总额持续增加，贸易顺差日益加大。同时，在长期低利率的刺激下，过剩的流动性不断涌向资本市场，股票市场、房地产市场持续升温，资产价格膨胀。中国资本市场的非理性繁荣吸引了大量跨境资本的流入，导致外汇占款持续增加，人民币升值压力不但没有由于中美利差的存在而得到有效控制，反而进一步加大，人民银行不得不采取提高法定存款准备金率、公开市场操作等多种手段回收流动性并采取加息等措施控制资金需求与资产价格的过度膨胀。这一矛盾的出现使得我们不得不对利率平价理论指导下的"中美利差原则"进行反思，应该如何解释中美利差原则下货币政策的实效呢？

1.1.2 研究意义

随着全球金融一体化趋势的不断深化，利率平价理论最显著的特征已不仅仅在于理论上提出了外汇市场上本国利率和外国利率差额与远期汇率升（贴）水的关系，更为重要的是，在实践中已成为投资者的决策指南和投机者的盈利工具，同时也是货币当局制定货币政策以调控宏观经济的重要依据。在利率平价理论分析框架下，国际资本流动成为汇率决定尤其是短期汇率决定的关键因素，在很大程度上解释了汇率的频繁波动现象，例如亚洲金融危机中一些国家汇率的巨幅波动，其始作俑者可以说是国际资本流动。在此基础上，我国也有很多学者在该理论的基础上对人民币的适用性等方面进行了实证研究。但是，他们的分析主要是一种推理性的定性分析，或是只在表象层面对利率平价理论在我国的应用进行了描述，或是对传统的利率平价理论进行了简单的修正。然而，在中国经济条件和金融体制都十分特殊的背景下，利率平价理论对人民币汇率的解释力并不强，尤其是从长期来看，中美经济发展水平的不同步性决定了利率平价利率在我国难以成立。这种不同步体现在：次贷危机之前，中国存在巨大的结构性贸易顺差，导致人民币存在巨大的升值压力，这种结构性顺差主要来源于中国贸易部门获得了处于二元经济初期的廉价劳动力优势，贸易部门相对于非贸易部门生产率大幅提高的同时工资并没有提高，而是贸易品价格下降，从而使中国在全球贸易中获得了价格竞争优势。而在次贷危机之后，中国逐渐进入二元经济后期，廉价劳动力优势逐渐消失，贸易部门的生产率提升缓慢甚至下降，贸易顺差的格局发生改变，叠加国内产能过剩、高杠杆等问题使得中国经济增长乏力，而同期美国经济开始逐渐复苏，导致人民币开始有较大的贬值压力。因此，关于两国经济发展不同步从而导致实际汇率变化的理论解释，我们将从巴萨效应视角进行系统深入的分析，通过实证分析检验巴萨效应在中国是否存在，并根据中美两国生产率的差异指出中美两国实际汇率存在一个先升值后贬值的长期均衡变化路径，从而为利率平价理论在中美两国长期不成立的观点提供佐证。在此基础上，我们对利率平价理论进行修正和拓展，考虑资产价格因素，提供有针对性和可操作性的政策建议，为宏观政策的制定提供有价值的参考依据。

1.2 研究思路与框架

正是基于上述现实背景和研究目的，我们以利率平价理论为出发点，深入剖析利率平价理论指导下中美利差原则的货币政策实践，结合我国经济运行的实际情况，对利率平价理论进行修正和拓展，分别从巴萨效应和资产价格套利视角对我国利率-汇率政策的协调配合进行系统研究。具体研究思路和框架如下：

第一部分阐明研究背景，综述理论基础与研究现状，为本书的前三章。该部分提纲挈领，为全书后续研究的开展提供了事实和理论准备。在详细介绍研究背景和研究价值的基础上，对汇率决定机制的相关理论进行总结，重点分析了各理论的发展过程、成立条件及实现机制；并搜集和整理了该领域的大量研究文献，围绕检验利率平价理论模型在中国的适用性、利率-汇率联动协调机制、利率平价模型的修正三个方面进行了归纳分析，以此为基础，提出了本书的主要研究内容：引入"大、小周期"视角，考虑中美经济发展结构和要素禀赋差异，构建围绕人民币汇率预期、中美利差、中美资产价差与资本管制政策的动态协调机制。

第二部分详述我国汇率政策实践经验，为本书的第4章。该部分总结了中美利差原则约束下中国汇率政策的实践，是全书研究逻辑的起点。从中国汇率政策的发展历程可以看出，我国的经济运行在中美利差原则指导下出现了升值周期下的"量价双松"和贬值周期下的"量价双紧"现象，一系列发展悖论不仅与理论基础存在较大差距，也为经济的健康发展埋下隐患，促使我们从中国的实践出发来探讨利率平价失效的原因，并对传统模型进行修正。

第三部分在大周期视角下开展理论和实证研究，为本书的第5章。该部分着眼于实体经济层面，解释利率平价失效的原因。根据汇率决定理论，长期来看，一国相对于另一国的汇率取决于两国经济实力的对比，即两国生产率的差异，而两国利率、资产价格等金融市场的差异则影响两国汇率的短期变动。基于"中美利差原则"的利率与汇率政策协调仅考虑了金融市场上决定汇率的短期力量，忽略了商品市场上两国竞争力差异对汇率决定的长期影响，中美经济发展的不同步导致在"中美利差原则"下的利率与汇率政策协调难以同时实现中国内外部均衡的双重目标。本部分以"相对相对劳动生产率"（中国相对劳动生产率-美国相对劳动生产率）作为衡量两国经济发展不同步的指标，通过实证检验证明了中国存在巴萨效应，即在1999—2018年，中美两国实际汇率存在一个先升值后贬值的长期均衡变化路径，从而为利率平价理论在中美两国长期不成立的观点提供佐证。

第四部分在小周期视角下开展理论和实证研究，为本书的第6章和第7章。该部分是对研究内容的进一步深化，从国际流动资金套利方式的转变这一思路出发，对人民币汇率短期波动研究的理论模型和实证模型进行修正。在理论模型层面，以利率平价模型为基础，结合马科维茨的资产组合理论，构建了加权资产收益率平价模型，同时，加入资本管制和交易成本因素，构造基于修正模型的国际资本流动中性带，极大程度地还原了市场和制度摩擦对资本套利活动的影响；在实证模型层面，将人民币汇率指标、资产价格衡量指标，以及短期国际资本流动和中美利差指标同时纳入分析中，通过构建TVP-VAR模型考察了变量间相关系数的时变特征，发现短期国际资本流动与资产价格、资产价格与人民币汇率之间存在显著的相互影响关系，验证了资本套利方式的转变，脉冲响应结果表明，短期国际资本的资产价格套利活动对人民币汇率的影响通常具有短期性。

第五部分总结研究结论，提出政策建议，为本书的第8章。该部分是对全书研究结论的总结，并在发现问题和解决问题的过程中，提出了相关的政策建议，提出引入资产价格因素后各政策协调配合的创新性建议，主张以价格型政策平抑短期内异常波动、以机制型政策巩固长期内经济基础，长期内的政策重点应放在金融体制改革与供给侧结构化改革上，其中详细叙述了金融层面的体制改革，包括推动利率与汇率形成机制的市场化、构建房地产市场的长效机制、健全人民币国际化背景下资本监管。

2 理论基础

2.1 利率平价理论

自凯恩斯最早提出以来，利率平价理论及其应用便被很多经济学者和货币当局所重视，并得到了持续的发展和完善，已成为国际金融学的基本理论之一。下面将回顾利率平价理论的发展历程，并阐述利率平价理论的实现机制。

2.1.1 利率平价理论发展历程

利率平价理论（interest rate parity theory）又称远期汇率理论，是阐述国内外利率水平差异对一国货币汇率变动起决定作用的基本学说。该理论最早由英国经济学家凯恩斯提出，然后由英国经济学家保罗·艾因齐格做出完善和补充，最后发展到现代利率平价理论。

（一）古典利率平价理论

20世纪初，随着生产与资本国际化的不断发展，国际资本移动的规模越来越大并成为决定货币汇率（尤其是短期汇率）的一个重要因素，而传统的汇率理论都不能解释这一现象，如国际借贷说认为汇率取决于外汇供求关系，购买力平价说认为汇率是两国相对物价的比率。

1.凯恩斯的古典利率平价理论

英国著名经济学家凯恩斯于 1923 年在《货币改革论》（A Tract on Monetary Reform）一书中，从资本流动角度，而不是从商品角度来研究汇率，较为系统地描述了利率与远期汇率的关系，认为利率水平的差异直接影响短期资本在国际上的流动，导致外汇供求的变动，从而进一步引起汇率的变化。凯恩斯初步建立了古典利率平价理论框架，奠定了利率平价理论研究的基础。

凯恩斯认为：一笔资金可以投资于国内也可以投资于国外，对外币的需求是出于对外投资的目的。投资于国内将取决于国内利率收益，把货币兑换成外币投资于国外，也可以从国外利率中获得收益。因此，每个投资者必须考虑以下几方面内容：①投资于国内收入与投资于国外收入的比较。当两国利率存在差异时，投资者为了获得较高收益通常将其资本从利率较低国家投向利率较高的国家，以套取利息差额，这种套利行为会导致资本的跨国界、跨市场流动。②本国货币与外国货币即期和远期价格的预期变化。投资者能否获得收益不仅取决于利率水平的高低，而且还取决于两国货币汇率变动的方向，如果汇率发生对其不利的变动，汇兑的损失超过了利差收益，投资者反而会遭受损失。③升贴水率。为了避免汇率风险，投资者会在远期外汇市场上卖出高利率国家的货币，买进远期低利率货币，高利率货币的即期汇率上浮，远期汇率下浮，出现远期贴水；低利率货币的即期汇率下浮，远期汇率上浮，出现远期升水。投资者将这些利益进行对比的结果，便是投资者确定投资方向的依据，两国投资收益存在的差异，促使国际资本流动，引起各国资产之间的替换，从而影响外汇供求和汇率。这样，凯恩斯就将汇率与两国的利率差异联系在了一起。

其基本观点如下：

第一，远期汇率同即期汇率之间的差价，如果按百分率来表示，趋近于两个不同金融中心之间的利率差额；

第二，远期利率与即期利率的差价会按照供给状况，围绕利率平价上下波动；

第三，不论远期汇率与它的利率平价偏离多大程度，能获得足够利润的机会会使套利者把资金转移到对其有利的金融中心；

第四，外汇市场的无效性将使挂牌汇率与它的利率平价发生偏离；

第五，在不兑换纸币的条件下，银行利率变化直接的影响是使远期汇率重新调整；

第六，套利资金的有限性使远期汇率的调整往往不能达到利率平价水平；

第七，如果一国发生政治或金融动荡，便不能发生任何远期外汇交易。

凯恩斯的古典利率平价理论虽具有开创性意义，但亦存在明显缺陷。其理论隐含这样两个假设：

首先，市场瞬间出清，即远期汇率对利率平价调整是完全的、即刻的。

其次，单向性调整，即在调整过程中，远期汇率受利率平价的制约。

这两个假设使得凯恩斯的远期汇率分析成为一种绝对静态的理论。他只是分析了利率的差额与即期和远期汇率差价之间的均衡状态，却没有分析这一均衡状态是如何逐渐地建立起来的，并且认为远期汇率的变动发生于外汇供求变动之前。这显然是不符合实际的。凯恩斯理论的这一缺陷后来被艾因齐格所弥补，形成了较为系统的古典利率平价理论。

2.艾因齐格的动态利率平价理论

凯恩斯之后，英国经济学家保罗·艾因齐格（1937）在《远期外汇理论》（The Theory of Forward Exchange）一书中，提出了利率平价理论的"互交原理"，揭示了即期汇率、远期汇率、利率、国际资本流动之间的内在联系和相互影响，指出汇率取决于两国货币的相对收益，将利差作为汇率变动的主要原因，从动态的角度进一步阐述了利率与远期汇率的关系，为远期汇率预测提供了有效的工具，真正完成了古典利率平价体系的建立，并为现代利率平价理论的建立奠定了基础。

艾因齐格认为，在凯恩斯的静态理论中，远期汇率会自动向利率平价调整，因而两者之间的偏离是暂时的。在国际货币市场上，远期汇率与利率平价处于均衡状态是偶然的，远期汇率与利率平价未必能迅速地进行调整。艾因齐格利率平价理论的要点有：

第一，确定利率平价概念。虽然研究远期汇率的学者都认为两个中心挂牌的短期利差是远期汇率的基础，远期汇率取决于利率的差异，但包括凯恩斯在内，他们全都没有对利率平价给出定义。艾因齐格第一个给出了利率平价的定义，明确提出：如果远期汇率相当于两个金融中心的短期利率之差，那么这一利率差异就是利率平价。艾因齐格认为"利率平价"比"利率差异"更为合适，因为后者只表明存在一个算术差异，并不表示远期汇率有向它的利率差异调整的趋势，而且利率平价还表示存在着一个均衡汇率。

第二，关于利率平价的计算。艾因齐格认为，利率平价一词并不表示市场上存在一个集中的、精确的、固定的平价。它与金本位制下的铸币平价不同。铸币平价除在数值上围绕即期汇率波动外，它还确切表示这两种货币所代表的含金量比例。实际上，任何时候，决定汇率的不止一个利率平价，而是几个利率平价，它们包括银行短期利率平价、贴现率平价、长期贷款利率平价等。因此，要取得一个精确的利率平价是很难的。从理论上说，一个利率平价应该是这些不同利率平价的加权平均数。权数大小取决于套利活动中不同利率种类的交易数量的相对重要程度，但很难找到这种计算方法。由于在某一时刻只有一个远期汇率，所以远期汇率不可能恰好与所有利率平价处于均衡状态，而只可能与其中某一个平价相等。

第三，提出利率平价动态理论的"互交原理"。古典静态利率平价理论建立在完全自动补偿概念之上，即认为国际货币市场与经济和自然领域一样，有一个自动补偿趋势。外汇体系只是一个媒介，通过它使各国之间的利率差异联系起来，偏离只是暂时的。任何时候，短期利率在各个金融中心都相同，远期汇率则能自动填平国际利差。古典利率平价理论有两个假设：一是远期汇率对利率平价调整是完全的、即期的、即刻的；二是调整过程中，远期汇率受利率平价调整的制约，即调整是单向性的。艾因齐格不同意上述观点。他认为：第一，远期汇率与利率平价之间有一个持久的偏差；第二，远期汇率的调整过程不是迅速自动的完全补偿过程；第三，不仅远期汇率取决于利差，而且利率平价也受套利的影响，从而受远期汇率的制约，它们二者是相互作用的关系。

在艾因齐格的动态利率平价理论中，"互交原理"处于最重要的位置。艾因齐格认为，通过套利的作用，远期汇率取决于利率平价，利率平价也受套利影响。比如说，甲国利率高于乙国，但甲国远期汇率高估，则乙国必然购进甲国即期货币，同时出售远期货币。这一套利行为必然提高甲国即期汇率，而压低远期汇率，以适应两国的利差。但两国利差也受到套利行为的影响：甲国由于资金流入，利率降低，乙国资金外流，利率提高，所以，远期汇率与利率平价是相互作用的。这就是艾因齐格关于"互交原理"的基本观点。

3.利率平价理论成立的条件

利率平价理论认为，在资本具有充分国际流动性的条件下，投资者的套利行为使得国际金融市场上以不同货币计价的相似资产的收益率趋于一致。其成立的假设条件是：

第一，设计的资产风险、期限相同。

第二，不存在资本限制，即必须有充足的套利资金和国际资本的自由流动性，套利者可以充分利用资金以促使相应的比率最后达到均衡。

第三，必须建立有组织的、高效率的即期与远期外汇市场，汇率对国际利率变动有较强的敏感性，且市场的信息流通非常有效，可使交易者能够迅速消除可能出现的机会利润，实现外汇市场的瞬时出清。

第四，交易成本足够小，基本上可以忽略，且信息成本为零。否则，对抛补利率平价的偏差可能会上升，以满足交易成本的变化。

第五，市场参与者都是套汇套利者。

虽然利率平价理论在西方汇率决定理论中起到了十分重要的作用，但该理论也存在局限性，这主要表现在其严格的假设条件上。首先，在套利资本运动的过程中存在着买卖资产的活动，在这些活动中，套利者要面临交易成本。而古典利率平价理论没有考虑交易成本。交易成本的存在意味着在以利率平价为中心、以交易成本为半径的区间内，不存在套利机会。其次，利率评价理论要求有一个"有效的"的资本市场，并且要求国际上不存在任何资本管制及关税、贸易壁垒之类的保护主义限制。而现实中的市场常有程度不同的资本管制，绝对的资本流动是很难达到的，资本管制使套利资金不能顺畅地流动，套利机制不能充分发挥作用，建立在套利机制上的利率平价自然也就难以得到验证了。最后，利率平价理论还假设市场参与者都是套汇套利者，事实上，该理论忽略了投资者的其他获利途径，比如资产价格套利。由于这些严格的假定在现实中是很难同时成立的，这也就削弱了利率平价理论对现实经济的解释力，从而影响了利率平价理论及其模型的应用。为了更加贴近现实，后来的研究者便从不同角度放宽了这些假定前提来克服利率平价理论的局限性，这便形成了现代利率平价理论。

（二）现代利率平价理论

从20世纪50年代开始，以欧洲美元市场为中心的国际货币市场的出现，改变了传统的国与国之间的金融投资和借贷关系的格局，很多西方学者在古典利率平价理论的基础上，联系变化了的国际金融市场新格局，针对汇率的确定和波动所呈现出的新的特点，对远期汇率决定进行了更加系统的研究，并对利率平价理论进行了新的完善和补充，形成了现代利率平价理论。

现代利率平价理论是以艾因齐格利率平价理论为基础发展起来的，由于古典利率平价理论设定的前提条件过于严格，与新的国际金融市场实际情况相异，因此必须对其加以修正。于是，很多经济学者在古典利率平价理论的基础上，把交易成本、资本管制等因素考虑进去，重新确定利率平价模型，构建了修正后的现代利率平价理论。

1.考虑交易成本的利率平价理论

由前文的分析可知，古典利率平价理论成立的一个基本假定是投资者在两国金融市场上进行套利时的交易成本很小或可以忽略，而在实际经济中，这一假定与现实是存在差距的。许多研究者的研究都表明交易成本的存在是导致实际的远期汇率和由利率平价决定的远期汇率出现偏差的主要原因。因此，后来的研究者们开始放松这一假定条件，研究交易成本不为零时，利率是怎样影响远期汇率的。

　　交易成本的存在，导致由利率平价决定的远期汇率周围存在着一个波动区间。在该区间内，任何额外的套利活动都不可能获利。这样如果远期汇率的波动幅度不超过该区间的上下限，就不会有套利活动的发生，只有当利率平价的偏离程度超过套利的交易成本，套利活动才可能发生。如果我们假定交易成本是交易价值的一部分（占交易价值的固定百分比），这时就能得到远期汇率升贴水区间的上限和下限。

　　假定一笔抛补的套利资本从本国市场流向外国市场，资本量为 K，资本的使用成本为 i_d，则持有这笔本国有价证券的远期收益（即资本外流的成本）为：$C = K(1 + i_d)$

　　这笔资本在外国的投资收益为：$R = K\theta(1 + i_f) \cdot \dfrac{F}{E}$

　　其中，$\theta = (1-t)(1-t_s)(1-t^*)(1-t_f)$ 表示交易成本；t 和 t^* 分别表示本国和外国有价证券的交易成本占总资本的百分比；t_s 和 t_f 分别表示即期和远期外汇交易的成本占总资本的百分比。

　　资本外流的边际成本为：$\dfrac{\partial C}{\partial K} = 1 + i_d$

　　国外投资的边际收益为：$\dfrac{\partial R}{\partial K} = \theta(1 + i_f) \cdot \dfrac{F}{E}$

　　在均衡条件下，边际成本等于边际收益，即 $1 + i_d = \theta(1 + i_f)\dfrac{F}{E}$

　　改写为：$\dfrac{F}{E} = \dfrac{1 + i_d}{\theta(1 + i_f)}$

　　令远期汇率升水的下限为 P_1，则根据上式可得：

$$P_1 = \frac{F - E}{E} = \frac{(1 + i_d) - \theta(1 + i_f)}{\theta(1 + i_f)} \tag{1}$$

　　同理可得远期汇率升水的上限 P_2 为：

$$P_2 = \frac{\theta(1 + i) - (1 + i^*)}{(1 + i^*)} \tag{2}$$

　　由式（1）、（2）可得利率平价中性带区间（套利活动不能获利区间）：

$$\frac{\theta(1 + i_d) - (1 + i_d)}{(1 + i_f)} \le P \frac{(1 + i_d) - \theta(1 + i_f)}{\theta(1 + i_f)}$$

　　上式即为引入交易成本后的利率平价形式，该式表示：如果汇率的远期升贴水落入该区间，套利者就无利可图，因此中性带对套利者来说毫无诱惑力，并且交易成本越大，中性带就越宽。交易成本的引入，修正了均衡条件下的利率平价，但是并没有改变利率平价纯粹套利活动决定远期汇率的基本观点。

2.套利资金供给有限条件下的利率平价

古典利率平价理论的另一个前提是，套利资金供给的弹性无穷大，也就是说，只要存在套利机会，投资者有多大的套利资金需求，都可以无成本地获得这一套利资金。然而在现实经济中，套利却要受到机会成本和外汇风险的影响，所以套利资金的供给弹性并非无穷大。从严格意义上讲，套利资金的机会成本也是交易成本的一种，因此，可以说套利资金有限条件下的利率平价是交易成本不为零时利率平价的一种特殊形式，然而，研究者们往往将其单独讨论，来研究套利资金供给弹性对远期汇率的影响。

现假定投资者进行套利活动时，资金供给的弹性并非无穷大，投资者须借入本币资金进行套利活动。假设投资者投入 K 单位的本币进行为期一年的抛补套利，投资者套利交易过程如前所述，则投资者进行套利活动的机会成本为：$C = K(1 + i_d)$，为期一年的外币投资收益通过抛补能够折合成本比的收益 R 为：$R = K(1 + i_f)\dfrac{F}{E}$，则用本币表示的抵补套利活动的利润为：$\pi = R - C = K(1 + i_f)\dfrac{F}{E} - K(1 + i_d)$

由于借取本币资金会改变本国利率，所以有：$i_d = i_d(K) \quad \dfrac{di_d}{dK} > 0$

在套利利润最大时，即 $(1 + i_f)\dfrac{F}{E} = (1 + i_d) - \dfrac{di_d}{dK}K$

由于本国套利资金供给弹性 E_s 为：$E_s = \dfrac{dK/K}{di_d/i_d}$

代入上式可得：$(1 + i_f)\dfrac{F}{E} = (1 + i_d) + i_d\dfrac{1}{E_s}$

由于，$\dfrac{F}{E} = 1 + \rho$，所以：$(1 + i_f)(1 + \rho) = (1 + i_d) + i_d\dfrac{1}{E_s}$

同样假设 $i_f\rho$ 为零，则上式可变为：$\rho - \dfrac{i_d}{E_s} = i_d - i_f$

该式即为在考虑借入本币进行抛补套利，而资金的供给弹性不是无穷大时的抵补利率平价。当套利资金供给弹性无穷大时，上式就变成了古典抛补利率平价，而现实中一般资金的供给弹性不会无穷大，套利资金的供给弹性直接影响利率平价的偏离程度。

2.1.2 利率平价理论的实现机制

根据投资者投资方式的不同，即是否将投资资金进行远期交易，通过套期保值交易来规避风险、锁定收益，一般将利率平价分为抛补利率平价（covered interest-rate parity，CIP）和非抛补利率平价（uncovered interest-rate parity，UIP）。抛补利率平价研究的是远期汇率是如何决定的，非抛补利率平价研究的则是预期的汇率是如何决定的。

（一）抛补利率平价（CIP）

抛补利率平价是指投资者在进行将投资资金投向高利货币以期获得更高利息收益的即期交易的同时，由于高利货币远期可能出现贴水风险，为了规避投资风险，在远期外汇市场上卖出远期合约，进行套期保值交易，从而使收益稳定，避免未来汇率变动带来的损失。

抛补利率平价认为：汇率的远期升（贴）水率等于两国货币利率之差。如果本国利率高于外国利率，远期汇率上升，本币远期将贬值；如果本国利率低于外国利率，远期汇率下降，本币远期将升值。换句话说，利率高的货币远期将贴水，利率低的货币远期将升水。由于汇率的变动会抵消两国间的利率差异，从而使金融市场（货币市场与外汇市场）处于平衡状态。

我们假定所有的投资者都是风险厌恶者，在本国和外国金融市场上的套利活动中，都会通过套期保值的远期外汇交易来抵补未来的即期汇率可能变动的风险。分析中不考虑国际资本流动中的投机行为。

设本国利率水平为 i_d，外国利率水平为 i_f，直接标价法下的即期汇率为 E，直接标价法下的远期汇率为 F。如果投资者将 1 单位的本国货币在 t_0 时刻投资于本国金融市场，则一年后（t_1 时刻）投资者的总收益为：$R = 1 + (1 \times i_d) = 1 + i_d$

如果投资者将资金投资于外国金融市场，我们可将这一投资行为分为三个步骤：首先，将本国货币在外汇市场上兑换成外国货币；其次，用所获外国货币在外国金融市场上进行投资；最后，投资行为结束后，将这一以外国货币为面值的资金在外汇市场上兑换成本国货币。

假定投资者用1单位的本国货币在外国金融市场上进行为期1年的投资，则期满后投资者可获得的总收益为$\frac{1}{E}(1+i_f)$。由于1年后的即期汇率是不确定的，因此这种投资方式的最终收益是很难确定的，或者说汇率变动因素使这笔投资的收益具有非常大的风险。为了消除这种不确定性，投资者可以在即期购买一年后交割的远期外汇合约，远期汇率为F。这样，这笔资金就不存在任何风险，届时1单位本国货币的总收益为：

$$R_0 = \frac{F}{E}(1+i_f)$$

如果$1+i_d > \frac{F}{E}(1+i_f)$，则投资者将投资于本国金融市场；如果$1+i_d < \frac{F}{E}(1+i_f)$，投资者将投资于外国金融市场。假定资本可以完全自由流动，且套利交易的成本为零，显然，只有当这两种投资方式的收益完全相同时，市场才会处于均衡状态。所以，当投资者采取持有远期合约的抵补方式交易时，市场最终是利率与汇率之间形成下列关系，即由一价定律，两者的收益应该相等。

$$1+i_d = \frac{F}{E}(1+i_f)，即 \frac{F}{E} = \frac{1+i_d}{1+i_f}$$

等式两边同时减去1可得：$\frac{F-E}{E} = \frac{i_d - i_f}{1+i_f}$

如果即期汇率与远期汇率之间的升（贴）水率记为ρ，即$\rho = \frac{F-E}{E}$，则代入上式可得：

$$\rho = \frac{i_d - i_f}{1+i_f}，即 \rho + \rho \cdot i_f = i_d - i_f$$

由于$\rho \cdot i_f$是两阶小量，可以忽略不计，即$\rho = i_d - i_f$

上式即为抛补利率平价的一般形式。抛补利率平价下，由于套利者的掉期保值行为，高利率国的货币在期汇市场上必定贴水，低利率国的货币在期汇市场必定升水。本国货币的远期升水（或贴水）等于本国利率低于（高于）外国利率的差额。抛补套利活动的不断进行会使远期差价发生变化，直到通过利率调整或汇率的升降，使资本在两国之间获得的收益率完全相等为止，此时两国货币的远期差价等于两国利率差异，即为利率平价方程成立。

（二）非抛补利率平价（UIP）

非抛补利率平价是指投资者在进行将投资资金投向高利率货币以期获得更高利息收益的即期交易的同时，由于对远期外汇走势的预期或其他原因，并不进行远期外汇交易以规避风险，而是根据自己对未来汇率变动的预期计算预期的收益，在承担一定的汇率风险情况下进行投资活动。即现货市场买进（或卖出）外汇时，已经对未来的汇率走势进行了预计，认为外汇将会升值（或贬值），从而不会在现在抛出（或买进）远期外汇。

非抛补利率平价认为，预期的汇率远期变动等于两国货币利率之差。如果本国利率高于外国利率，则意味着市场预期本币在远期将贬值；反之亦然。在分割的市场与不完善的资本流动的情况下，投资在两国的收益因为某种程度的不确定性而存在差异。非抛补利率平价强调，决定即期汇率的主要因素是预期的未来汇率水平以及两国的利率差异。但是，所持有的外币资产所获得的预期收益率不再是外币利息加上远期外币升（贴）水率，而是外币利息加上汇率上升（下降）率。可以得出推论：在非抛补利率平价已经成立时，如果本国政府提高利率，则当市场预期未来的即期汇率并不因之发生变动时，本币的即期汇率将升值。

非抛补的利率平价理论假设投资者是风险中性者，在国际套利资本的充分流动下，投资者对资产不作逆向保值，不进行远期外汇交易，任由市场决定预期收益水平。设本国利率水平为 i_d，外国利率水平为 i_f，直接标价法下的即期汇率为 E，直接标价法下的预期的即期汇率为 E_F。投资者将 1 单位的本国货币在 t_0 时刻投资于本国金融市场，则一年后（t_1 时刻）投资者的总收益为 $1 + i_d$。如果投资者将资金投资于外国金融市场，则一年后投资者可获得以本币表示的总收益为：$\dfrac{E_F}{F}(1 + i_f)$。

当 $1 + i_d < \dfrac{E_F}{F}(1 + i_f)$ 时，投资者将投资资金调往国外金融市场进行套利活动，资金外流，促使本国即期汇率上升，本国货币即期贬值；

当 $1 + i_d > \dfrac{E_F}{F}(1 + i_f)$ 时，投资者将投资资金调往国内金融市场进行套利活动，资金内流，促使本国即期汇率下降，本国货币即期升值；

最终，在国内与国外金融市场的投资收益趋于相等，国际资本流动自动终止，则利率平价的公式表示为：$1 + i_d = \dfrac{E_F}{F}(1 + i_f)$

由上述公式变形得：$i_d - i_f = \dfrac{E_F - E}{E}$

上式就是非抛补利率平价的表达式，该公式表明：当本国利率高（低）于国外利率时，本国货币预期贬（升）值，贬（升）值的幅度等于国内外利率水平之差，以 $\dfrac{E_F - E}{E}$ 代表本币的预期贬（升）值率。当国内利率提高时，如果市场预期未来即期汇率不变，那么本币的即期汇率减小，本币升值。

2.2 购买力平价理论

购买力平价理论（theory of purchasing power parity，PPP）是一种历史悠久的汇率决定理论，它最初是由英国经济学家桑顿在1802年提出，其后成为李嘉图的古典经济理论的一个组成部分，最后由瑞典经济学家卡塞尔（Cassel）加以发展和充实，并在其1922年出版的《1914年以后的的货币与外汇》一书中作了详细概述。

购买力平价理论的基本思想是，货币的价值在于其具有的购买力，因此不同货币之间的兑换比率取决于它们各自具有的购买力对比，也就是汇率与各国的价格水平之间具有直接的联系。

2.2.1 一价定律

购买力平价理论的前提条件和基础是一价定律，一价定律认为在没有运输费用和官方贸易壁垒的自由竞争市场上，一件相同商品在不同国家出售，如果以同一种货币计价，其价格应是相等的。即是说，通过汇率折算之后的标价是一致的，若在各国间存在价格差异，则会发生商品国际贸易，直到价差被消除，贸易停止，这时达到商品市场的均衡状态。

一国内部的商品可分为两种：一种是可贸易品，其地区间的价格差异可以通过套利活动消除；另一种是非贸易品，其地区间的价格差异不能通过套利活动消除。若不考虑交易成本等因素，以同一货币衡量的不同国家的某种可贸易商品的价格是一致的。

$$P = e \cdot P_1$$

上式中：P为本国可贸易品价格；e为直接标价法下的汇率；P_1为外国可贸易品价格。

一价定律成立条件：（1）对比国家都实行了同等程度的货币自由兑换，货币、商品、劳务和资本流通是完全自由的；（2）信息是完全的；（3）交易成本为零；（4）关税为零。

2.2.2 购买力平价理论的假设条件

1.不考虑国际贸易中的交易费用。购买力平价说忽略套利行为过程中产生的交易费用和信息不完全等问题。

2.两国间的贸易条件相同。在国际贸易中，一个国家经常使用关税和配额等形式限制进口，保护本国产业；出口国也通常使用出口退税等形式促进出口，提高商品竞争力。贸易条件相同的假设，排除了因这些贸易条件的差异而破坏该理论成立的可能性。

3.没有外汇管制。购买力平价理论的前提之一是浮动汇率制，国家外汇管制也直接扭曲了购买力平价理论的逻辑基础。

4.参比国有统一的价格形式。如果两国的价格形式并不统一，一国实行价格补贴，则必然导致价格扭曲，从而导致比较的结果失去意义。

5.所有商品都是可贸易的。购买力平价理论中，所有市场的商品和劳务价格单一，是通过套利行为实现的。

6.不同国家的同一种商品和劳务是可以完全替代的。不会出现消费者对同一种商品和劳务存在不同的偏好，而认为不同国家生产的相同商品是不同商品。

7.生产与消费结构大体相同。购买力平价理论要求在编制购买力平价指数时，应选择每个国家具有代表性的商品和劳务，这显然要求进行比较的每一个国家都有大致的生产与消费结构。

8.相同的劳动生产率。劳动生产率较高的国家，商品和劳务的内在价值就相对较低。尽管两个国家有相同的生产和消费结构，实际的国内生产价值仍然不同。

2.2.3 购买力平价理论的表现形式

购买力平价理论就是建立在一价定律的基础上，分析两个国家货币汇率与商品价格关系的汇率理论。各国经济学家在阐述购买力平价理论的时候，一般分为绝对购买力平价和相对购买力平价两种表现形式。

（一）绝对购买力平价（absolute purchasing power parity）

按照卡塞尔的绝对购买力平价理论，一个国家的货币与另一个国家货币之间的比价是由两种货币在各自国内的购买力之比决定的。货币的国内购买力体现在商品的价格水平上，即商品价格的倒数，故两国货币之间的汇率水平是由两国国内物价水平之比决定的。用 PL_t 和 PL_t^* 分别表示本国（A国）商品的价格水平与外国（B国）商品的价格水平，则本国与外国货币的购买力为其商品价格的倒数，故绝对购买力平价可以写成：

$PPP_t = PL_t / PL_t^*$

以上公式表明，在某一时间，当A国商品价格不变，而B国商品价格上涨，则B国货币的国内购买力下降，表现为1单位A国货币可以交换到更多的B国货币，即A国货币出现升值，B国货币出现贬值。购买力平价理论认为，按照两国货币在各自国内的购买力确定的汇率应该是一种长期均衡汇率。当实际汇率与长期均衡汇率之间出现偏差时，实际汇率将不断调整，最终要趋向均衡汇率水平。

根据绝对购买力平价理论，卡塞尔认为，在国际商品交换过程中，各国在国际市场上的竞争力是由其出口商品的价格及汇率两个因素决定的。在某一时期，一国如果人为地降低本国出口商品的价格，试图提高本国商品在国际市场的竞争力，则实际上很难如愿以偿。原因在于商品价格的降低，将对该国货币的汇率产生向上的压力，汇率将向上波动，最终抵消价格降低造成的优势，贸易格局将回到原来的状况，这一过程是绝对购买力平价作用的一种体现。

（二）相对购买力平价（relative purchasing power parity）

相对购买力平价是在绝对购买力平价理论的基础上发展起来的。卡塞尔认为，在计算绝对购买力平价时，两国物价水平数据的获得在实际操作中是困难的事情，而两国物价水平变动即物价指数或通货膨胀率是容易获得的，于是相对购买力平价理论的基本公式为：

$$PPP_t^R = (P_t^f / P_t) \times e_0$$

其中，PPP_t^R 为 t 时期的相对购买力平价；P_t^f 为外国从基期到目前时期的价格指数；P_t 为本国从基期到目前时期的价格指数；e_0 为基期两国货币之间的实际汇率。该公式的基本含义是：两国货币之间的汇率由基期的汇率与两国物价指数之比的乘积决定。在基期汇率已定的情况下，若两国物价指数保持不变或发生同等幅度变化，两国货币之间的汇率将不发生变化；若外国物价指数高于本国物价指数，本国货币汇率将上升，反之则下降。

在相对购买力平价理论中，基期汇率 e_0 的选择至关重要，原因在于，目前汇率是以该汇率为基础计算出来的，e_0 选择是否恰当，决定了目前汇率的计算是否准确。卡塞尔认为，较为理想的基期汇率应该是这样一种汇率，该汇率在当时处于均衡状态，与同时期按照绝对购买力平价所确定的汇率相等同。只有选择这样的汇率作为基期汇率，所计算出来的目前的汇率才能真正反映货币购买力状况的变化，汇率才与货币的实际价值相符合。

2.2.4 购买力平价理论的积极作用

购买力平价理论在西方汇率理论界中占有重要的地位，它的出现，在西方汇率理论界产生巨大的冲击和影响。它开创了汇率研究的新局面，提出了汇率研究的新方法，使汇率问题日益为人们所重视。

此外，它还为各国政府制定汇率政策提供了一种具有可操作性的依据。

（一）购买力平价理论使汇率问题的研究进入了一个新阶段

购买力平价理论认为，汇率的决定不完全局限于货币本身的价值，还可以扩展为货币所代表的价值，这是汇率决定上的一种创新。经济发展处于低级阶段时，金属货币成为货币流通的形式，当经济发展进入较高阶段时，受商品流通范围和程度限制的金属货币流通方式不再适应经济的发展，因而纸币流通替代金属货币流通是一种必然趋势。购买力平价理论的一个重要贡献，就是在金属货币被纸币替代后，提出了一种崭新的汇率理论，明确指出了纸币流通条件下汇率研究的方向，使大量存在的纸币流通，成为汇率研究的对象，促进汇率理论与实践的紧密结合，并为汇率理论研究的进一步深入发展奠定了基础。

（二）购买力平价理论为各国货币之间均衡汇率的确定奠定了基础

各国货币之间的汇率虽然不断发生变化，但在基本的经济条件没有改变的情况下，汇率始终围绕某一水平上下波动，不会偏离太远。这种基准汇率即是均衡汇率，在金属货币流通的条件下，均衡汇率由各国单位货币含金量所决定，在纸币流通条件下，虽然货币本身不再具有价值，但汇率仍围绕一定的中心点波动。购买力平价理论明确指出，这一中心点即是纸币流通条件下各国货币之间的均衡汇率，该汇率是由货币在各自国内的购买力之比所确定的。

（三）购买力平价理论使汇率理论成为一种可实际操作的理论

在汇率确定方面，购买力平价理论提出以各国国内物价水平及其变化率作为依据的思想，不管以何种物价作为计算的基础，物价水平是实际存在的客观现象，物价指数是可以实际获得的统计数字，人们可以通过相关数据的搜集，确定各国货币之间的均衡值。并且均衡汇率并不是始终不变的，当基本经济条件发生变化时，均衡汇率也要发生变化。依据购买力平价理论的原理，人们不但可以对各国货币汇率变化的一般趋势进行预测，而且还可以对此种变化的数值进行计算，这使得汇率预测的精确性得以提高。

2.2.5　购买力平价理论的缺陷

购买力平价理论虽然在汇率决定理论上做出了较大的贡献，产生了深远的影响，不过该理论本身也存在着一定的缺陷与不足。首先，购买力平价理论的成立需要具备一系列的假设条件，如假定不存在国内外市场各种交易活动人为的限制以及交通运输等成本，但这种前提假定与实际不相符，在实际中，各国政府的干预措施，对各国货币的汇率必然产生一定的影响。其次，购买力平价理论比较重视国际收支中的经常项目对汇率的影响，而忽略了国际收支中的资本项目对汇率的影响，第二次世界大战以来，随着整个世界货币化程度和经济一体化程度的提高，国际资本往来和金融交易的金额不断增长，资本项目的差额对汇率的影响正在日益增强。最后，购买力平价理论的中心内容是汇率是由物价水平决定的，即物价水平处于支配性地位，汇率处于附属性地位。实际上，物价与汇率的关系是双重的，物价水平影响并决定汇率，同时汇率对物价水平也有一定的影响，因此究竟是价格水平决定了汇率，还是汇率决定了相对价格水平，还是两者同时被其他外生变量所决定，这一因果关系并没有在购买力平价理论中阐述清楚，至今还有很大争论。

2.2.6　小结

在所有的汇率理论中，购买力平价理论是最有影响的，原因在于它是从货币的基本功能角度分析货币的交换问题，这非常符合逻辑，易于理解，同时它的表达形式也最为简单，对汇率决定这样一个复杂的问题给出了最为简洁的描述。购买力平价的这个特点使得它对政府的汇率政策产生特别的影响，被广泛用于对汇率水平的分析，成为许多经济学家和政府计算均衡汇率的常用方法。另外，购买力平价理论中所牵涉到的一系列问题都是汇率决定中非常基本的问题，因此对购买力平价理论的争论最为激烈，它也正是在这种争论中得到发展的。可以说购买力平价理论始终处于汇率理论的核心位置，是所有汇率理论的基础。

2.3 巴拉萨-萨缪尔森效应

2.3.1 理论发展历程

实际汇率对购买力平价决定的汇率的偏离，一直是学术界关注的重点，对这种偏离的解释，最典型的是巴拉萨-萨缪尔森效应假说所代表的生产率的冲击。巴拉萨-萨缪尔森效应假说是对购买力平价进行修正的一种理论，该理论从贸易部门与非贸易部门的生产率差异角度分析了生产率相对变化如何引起购买力平价的系统性偏离，从而对生产率与实际汇率之间的关系进行了科学分析，成为研究实际汇率调整问题中的经典理论。

"巴拉萨-萨缪尔森效应假说"首先由巴拉萨（1964）在发表于美国《政治经济学评论》杂志上的《购买力平价学说的重新评估》一文中提出，这篇文章的着眼点在于探索造成购买力平价和现实汇率之间存在的系统性差异的原因，在当时关于购买力平价估算的成果中，购买力平价和现实汇率之间的偏离非常普遍，尤其在发展中国家，这一偏离尤为明显，大部分发展中国家存在严重的低估现象。巴拉萨认为这种偏离不是随机和偶然的，而是一种系统性的偏离，偏离的程度与一国经济发展水平相关。首先，该篇文章认为不能简单地依据购买力平价理论，把两个国家物价水平的相对变动作为名义汇率需要调整的依据，其认为每个国家的物价是由可贸易商品和不可贸易商品的价格水平组成，当一个国家的总体物价水平相对于另一个国家的总体物价水平发生变化时，在一定条件下只代表这一个国家真实汇率的变动，并不一定就意味着其名义汇率偏离均衡；其次，巴拉萨在传统的购买力平价理论基础上，引入生产率这一供给因素对实际汇率与购买力平价的系统性偏离加以解释。同年，萨缪尔森（1964）也在发表于美国《经济和统计评论》的"贸易问题理论短论"一文中提出了相同的论点。因此，后来的学者将由一个国家的可贸易部门和不可贸易部门劳动生产率的相对变动导致这个国家真实汇率变动的理论假说称为"巴拉萨-萨缪尔森效应假说"。

2.3.2 实现机制

依据巴拉萨（1964）的分析思路，本国可贸易部门生产率的相对增长带动两部门工资同比例上升，不可贸易部门工资超过本部门生产率的增长幅度导致一般物价上升，并在潜在给定的固定汇率制背景下实现实际汇率升值。林毅夫（2007）系统地总结了巴拉萨（1964）提出的生产率相对变化导致实际汇率发生改变的内在机制：（1）一个国家可贸易部门劳动生产率水平提高，导致工资率上升，而产品的价格没有发生变动；（2）国内劳动力市场是统一的，由于劳动力市场的竞争，不可贸易部门的工资将随之上升；（3）由于不可贸易部门工资的上升，从而导致成本推动的价格上升；（4）国内的总体物价水平由于不可贸易部门价格的上升而上升；（5）名义汇率等于两国的可贸易部门价格之比，而由于可贸易部门产品的价格并没有变动，因此名义汇率并不需要调整；（6）因为实际汇率等于名义汇率乘以两国的相对物价水平，所以，可贸易部门劳动生产率水平提高的国家的实际汇率升值。

另外，杨长江（2002）通过逻辑链条图将巴拉萨-萨缪尔森效应清晰地展现出来，过程如图2-1所示。

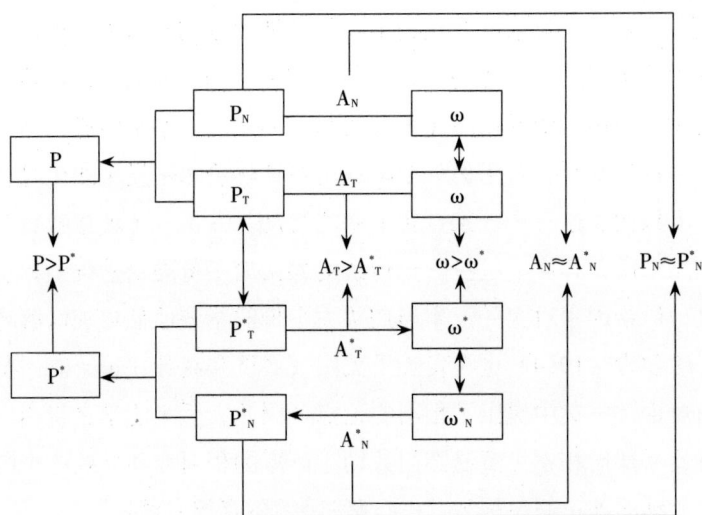

图2-1　巴拉萨-萨缪尔森效应的逻辑链条图

图2-1中，P表示价格水平；P_T、P_N分别表示可贸易商品价格与不
可贸易商品价格，A_T、A_N分别表示可贸易部门与不可贸易部门的生产
率；ω表示工资水平；*表示外国相关变量；双箭头表示两国变量相等。
图2-1可以比较清晰地反映出巴拉萨-萨缪尔森效应所阐述的逻辑链条，
即两国相对生产率的变化造成两国实际汇率与购买力平价偏离的原因在
于：可贸易部门存在购买力平价的情况下，两国可贸易部门的不同生产
率决定了两国的工资水平；劳动力在一国内部的自由流动使得一国不同
部门之间存在工资追赶机制，因此不可贸易部门与可贸易部门的工资相
等。不可贸易部门的生产率决定了两部门的工资水平，从而决定了不可
贸易部门的价格水平；同时因为两国不可贸易部门的生产率不存在大的
差异，所以两国不可贸易部门价格的差异就体现为工资的差异；实际汇
率的变化由两国的总体价格水平的相对变化决定，一国的总体价格水平
是由可贸易部门与不可贸易部门的价格水平组成的，两国价格水平的相
对变化主要体现为两国不可贸易商品价格的相对变化，这又进一步反映
为两国工资的差异，最终由两国可贸易部门的生产率差异所决定。

2.3.3　关于巴拉萨-萨缪尔森效应的质疑与修正

巴拉萨-萨缪尔森效应提出以后，一些经济学家对该效应从理论上
提出了一些质疑，认为生产率与实际汇率之间并不必然存在巴拉萨-萨
缪尔森效应所阐述的逻辑关系。主要是因为巴拉萨-萨缪尔森效应假说
的假设前提过于严格，不符合现实情况。巴拉萨-萨缪尔森效应理论的
假设颇为严格，比如小国经济和利率给定；劳动力在国内跨部门自由流
动；充分就业、要素市场和商品市场完全竞争、不变的要素规模收益等
等。因此相对生产率变化导致实际汇率升值需要经过较为严格的传导过
程，如果这一传导过程不畅通，则相对生产率变化不一定会带来实际汇
率升值。综合看来主要有以下几种可能情况：（1）当存在商品价格管制
时，可贸易部门生产率上升带来的工资水平上升并不一定导致不可贸易
商品相对可贸易商品价格上升。巴拉萨-萨缪尔森效应主要基于商品市
场完全竞争假设，因此工资上升会带来价格的上升，但当存在商品价格
管制时，相对价格也会相应扭曲，从而B-S效应可能并不存在。（2）一

国劳动生产率的提高不仅仅来源于可贸易部门生产率的提高，不可贸易部门的劳动生产率同样也会提高，如果经济增长主要反映为不可贸易部门生产力提高，则可能导致不可贸易商品的相对价格下降，从而引起实际汇率贬值。(3) 在发展中国家，当存在剩余劳动力、工资管制或劳动力流动限制时，可贸易部门工资上升幅度会相应减小甚至不变，同时即便可贸易部门工资上升，但由于工资存在政府控制和干预的因素，所以也未必能传导到不可贸易部门，引起不可贸易部门的劳动力工资提高 (Egert, Drine, 2003)。(4) 实际汇率升值可能源于名义汇率升值。巴拉萨-萨缪尔森效应假设名义汇率不发生变化，实际汇率主要来源于生产率变化。由于两国的实际汇率是由名义汇率和两国的相对价格共同决定的，所以如果名义汇率升值且两国的相对价格保持不变，也可能引起实际汇率升值。而生产力的提高也主要是通过可贸易部门生产力增加导致出口增加，国际收支出现顺差，引起外汇市场上本币需求增加、外币需求减少，从而名义汇率出现升值压力，当两国相对价格也就是通货膨胀的相对水平不变时，实际汇率也将出现升值压力。(5) 巴拉萨-萨缪尔森效应只考虑了供给面，忽略了需求变化对实际汇率的影响。通常人均GDP较高国家的服务业比重也较高，Dornbusch 等 (1998) 基于这一现象提出收入效应会导致微观层面更偏好服务业的消费，从而改变物价指数的组成。Rogoff (1992) 与 Coricelli 和 Jazbec (2004) 都提出，因为政府比较偏好消费不可贸易商品，因此实际汇率决定应考虑政府支出的改变。

另外，一些学者对巴拉萨-萨缪尔森效应的传导路径进行了补充与修正。在某种意义上，巴拉萨-萨缪尔森效应只是从供给面 (通过劳动力工资渠道) 给出了生产力增加对实际汇率影响的机制。实际上，生产力增加还可以通过需求方的传导机制对实际汇率产生影响 (Asea and Corden, 1994)，并且供给面也不仅是工资这一个渠道 (Lewis, 2005)。例如：(1) 巴拉萨-萨缪尔森效应假定某一个国家可贸易部门劳动生产率水平提高导致工资上升，而可贸易商品的价格不变，其实，也可能导致产品的价格下降，但工资不变。此时，该国不可贸易部门的工资和价格都不会变化，但是，另外一个国家的可贸易商品的价格、可贸易部门的工资、不可贸易部门的工资以及不可贸易商品的价格都会下降。因此，在该国名义汇率不变的情况下，真实汇率也会实现升值（林毅夫，2007）；（2）生产力提高后收入也增加，从而导致政府开支和私人需求偏好的变化，进而引起可贸易商品和不可贸易商品需求量的变化，从而改变它们的相对价格，使实际汇率发生变化。而具体的变化方向要根据政府和私人需求变化的情况而定，如果是不可贸易商品的需求增加从而价格上涨，则会导致实际汇率升值，而可贸易商品需求的相对增加则导致实际汇率贬值。（3）可贸易商品和不可贸易商品在总消费中的权重不同也会影响生产率对实际汇率的传导路径。鄂永健、丁剑平（2007）在可贸易商品和不可贸易商品在总消费中的权重以及本国可贸易商品和进口品在总可贸易消费品中的权重在国家间可以有差别的假定下，通过一个两国动态一般均衡模型分析了生产率对长期实际汇率的影响，对巴拉萨-萨缪尔森假说进行了扩展。结果显示，本国可贸易部门的生产率上升不一定导致本币实际升值，而外国可贸易部门的生产率上升也不一定导致本币实际贬值。其认为两国相对可贸易部门的生产率通过影响贸易条件可以对实际汇率产生影响，而不仅仅是传统的巴拉萨-萨缪尔森效应这一渠道，差别消费权重假定下生产率对实际汇率的解释能力较传统的巴拉萨-萨缪尔森效应有显著提高。

上述关于巴拉萨-萨缪尔森效应的修正主要是补充了巴拉萨-萨缪尔森效应的传导路径，但巴拉萨-萨缪尔森效应的主要结论并未改变。而现实情况是，一些发展中国家的可贸易部门生产率提高的同时，实际汇率出现贬值情况。针对这一现实情况，杨长江（2002）考虑到发展中国家初期大多处于二元经济发展阶段的特征，对劳动力无限供给条件下的巴拉萨-萨缪尔森效应进行数理推导，使巴拉萨-萨缪尔森效应更符合发展中国家的现实特征。

经典的巴拉萨-萨缪尔森效应要成立须建立在一系列严格的假定基础上，例如，资本在国际上的完全流动、一国的劳动力市场不存在部门分割问题、购买力平价在可贸易部门的成立，等等。而发展中国家通常都不符合这些条件，比如，以中国为代表的发展中国家，有着二元经济结构，农村存在大量剩余劳动力，劳动力市场长期处于非出清的状态，在劳动力市场方面的现实与这一理论前提有着比较突出的矛盾。在巴拉萨-萨缪尔森效应的分析中，一国的劳动力总数是固定的，在资本的边际收益（即利率）由国际市场确定并保持不变的情况下，一国是通过实际工资机制来实现经济的最优状态的调整，由生产率变化所引起的工资调整使得两个部门保持稳定，工资水平实际上决定了不可贸易商品的价格。而在很多发展中国家，由于二元经济结构的存在，农业中大量的过剩劳动力使得经济中存在着劳动力无限供给的情况，在固定的工资水平上，可以无限制地增加劳动力的数量而不会引起工资的上涨。杨长江对经典的巴拉萨-萨缪尔森效应的假设做出了适当的修改，主要的假设即本国在现有工资水平下提供无限劳动供给，在此基础上推导出二元经济下的巴拉萨-萨缪尔森效应。其将实际汇率分解为内部实际汇率与可贸易商品实际汇率。巴拉萨-萨缪尔森效应假设名义汇率不发生变化，两国可贸易商品价格不变，从而可贸易商品实际汇率不变，而引起实际汇率提高的主要因素在于生产率变化带来的内部实际汇率的变化，并且这一调整通过工资机制完成，即可贸易部门生产率的相对提高，使得该部门的实际工资相应提高。而在劳动力无限供给的情况下，可贸易部门生产率的相对提高，不会带来实际工资的提高，而是可贸易商品价格的相对下降，从而内部实际汇率升值，在这里起作用的是价格机制。但在劳动力无限供给下，可贸易商品实际汇率并非维持不变的，因此实际汇率同时取决于可贸易商品实际汇率与内部实际汇率的变化，该文分别讨论了三种情况下可贸易部门生产率的提高对实际汇率的影响。

（1）当考虑到购买力平价成立的情况，由于可贸易部门价格下降，因而在购买力平价成立基础上名义汇率应升值，从而由内部实际汇率升值引起实际汇率升值。

（2）当考虑到购买力平价不成立的情况，由于可贸易部门价格下降同时名义汇率不发生变化，从而可贸易部门实际汇率贬值，从而实际汇率贬值。

（3）可贸易部门购买力平价成立存在时滞时，刚开始实际汇率贬值，随着名义汇率逐渐升值带来实际汇率升值，最终实际汇率升值较冲击发生前升值，实际汇率的调整出现某种意义上的"逆调"。

2.4 均衡汇率理论

均衡汇率（equilibrium exchange rate）是当宏观经济同时达到内部均衡和外部均衡时的实际有效汇率，内部均衡需满足充分就业、持续的低通货膨胀状态下的产出水平，外部均衡则需满足国家间可持续的净资本流动。现代汇率决定理论有：基本要素均衡汇率理论（FEER）、自然均衡汇率理论（NATREX）、行为均衡汇率理论（BEER）和均衡实际汇率理论（ERER）。不同的汇率理论侧重点不同，有的针对长期汇率的发展趋势，有的侧重研究短期汇率变化，有的理论适用于发达国家，有的理论更适用于发展中国家。

2.4.1 基本要素均衡汇率理论

该理论由 Williamson（1982）提出，主要依据的是宏观经济平衡法。这里的均衡汇率是指与宏观经济均衡相一致时的实际有效汇率。此处的宏观经济均衡指的是内部和外部都达到均衡。内部均衡要满足充分就业、持续的低通货膨胀状态下的产出水平，外部均衡则需要满足国家间可持续的净资本流动。该理论以宏观经济均衡为依据，将资本账户引入汇率决定理论，使得资本项目和经常项目相等。

经济达到外部均衡时，经常账户（current account，CA）和资本账户（capital account，KA）存在以下关系：

CA=-KA

其中，决定经常项目的因素包括本国的国民收入 Y_d、外国的国民收入 Y_f 和实际有效汇率 q，可以表示为 $CA=b_0+b_1q+b_2\overline{Y_d}+b_3\overline{Y_f}$。资本项目 KA 由一系列相关经济因素主观判断得到。使经常账户与资本项目相等的汇率即为均衡汇率。该方法重点在于估计国内外需求和经常账户差额的均衡值，估计国内外总需求的中期均衡值学术界已达成共识，重点在于对经常账户差额的估计，在实际中用资本项目中期均衡值 $\overline{KA}$ 来代替，运算后最终得到实际有效汇率表达式为：

$$FEER=(-\overline{KA}-b_0-b_2\overline{Y_d}-b_3\overline{Y_f})/b_1$$

FEER理论着重分析中长期基本因素，反映了均衡汇率的本质：其充分考虑了宏观经济的内部均衡和外部均衡，测算的结果更加准确，将资本市场纳入模型，分析更为全面。但FEER也有一定的缺陷和不足，首先，基本经济因素的选择主观性较强，还需对经常账户中期均衡值进行主观判断，这些均衡条件可能永远不会实现，这使得出的均衡实际汇率也成为理想状态下的均衡水平；其次，FEER理论暗含一个假设：产出和资本积累独立于实际汇率，这与现实不符，如实际汇率会影响到实际消费或资产成本；最后，FEER不是汇率决定理论，不能给出均衡汇率的动态调整过程，且未考虑货币市场和资本市场的均衡。

2.4.2　自然均衡汇率理论

Stein（1994）研究美元均衡汇率时提出了自然均衡汇率理论，它是指不考虑周期性因素、投机资本流动和国际储备变动时，由基本经济因素决定的、使国际收支实现均衡时的中期实际汇率，其表达式为：

$$I-S+CA\ (\bar{q})=0$$

其中，I表示投资；S表示储蓄；CA表示经常账户。自然均衡汇率$\bar{q}$决定经常账户余额CA，$\bar{q}$贬值使CA增加。I–S表示国内资本流动额，当I–S大于零时，表示国内投资过度，会使自然均衡汇率升值以使CA减少；当I–S小于零时，表示国内储蓄过度，这就要求自然均衡汇率贬值以增加经常账户余额。

NATREX是一种汇率决定理论，可以反映均衡汇率的调整过程。自然均衡汇率作为一种移动均衡，可以给出实际汇率向均衡汇率的中长期调整过程，且该理论将资本账户也加入模型中，并与经常账户相互影响，分析更全面。但NATREX也有一定的缺陷和不足，自然均衡汇率是一种中期均衡汇率，对其的研究在一定程度上不利于为短期政策的制定提供意见。

2.4.3　行为均衡汇率理论

该理论主要是针对基本要素均衡汇率模型没有体现影响汇率实际行为的变量效应的不足而提出来的。FEER方法计算的均衡汇率概念是在充分就业情况下，经常项目与可持续的资本流动相一致时的汇率。但在许多情况下，计算并没有体现影响汇率实际行为的变量效应。在此方法下，只要内外均衡位置不受扰动，汇率就保持不变。但在行为意义上，汇率是否处于均衡不是很清楚，即它是否反映中期决定汇率因素的效果并不清楚。BEER 方法试图克服这方面的局限性，它包含了实际有效汇率行为的直接的经济计量分析。从方法论的角度讲，BEER 方法是一种模型策略，它试图解释在相关经济变量条件下汇率的实际行为。

在 BEER 方法中，均衡的相关概念是由一套适当的解释变量给出的，将现实的实际有效汇率解释为长期持续效应的经济基本因素向量、中期影响实际汇率的经济基本因素向量、短期影响实际汇率的暂时性因素向量和随机扰动项的函数。因此在任何时期，总的汇率失调可以被分解为短期暂时性因素效应、随机扰动效应和基本经济因素偏离其可持续水平程度效应三方面。可见，行为均衡汇率方法既可用于测算均衡汇率，又可以原则上用于解释现实汇率的周期性变动。

2.4.4　均衡实际汇率理论

均衡实际汇率理论是由爱德华兹在 1989 年首次提出。该理论认为在短期内实际和名义因素的变动都会影响实际汇率的决定，而在长期内，只有实际因素的决定作用影响均衡的实际汇率。该理论试图以一种简单的形式抓住发展中国家宏观经济最显著的变量来构造均衡实际汇率的决定模型，包括利率管制、贸易壁垒以及汇率双轨制。由此定义的均衡汇率为，当外部市场和不可贸易商品市场达到均衡时，名义汇率乘以可贸易商品相对于不可贸易商品的相对价格。

我国是发展中国家，处于经济转型期，因此均衡实际汇率理论 BEER 模型比较适合研究人民币的实际汇率。傅强、姚孝云（2012）选择 GDP、广义货币、外汇储备、政府支出、劳动生产率、开放度、贸易条件、中美实际利率差为解释变量，构建均衡实际汇率 ERER 模型，利用协整检验方法和误差修正模型，实证分析 1994 年至 2010 年人民币的实际汇率与均衡汇率的偏离。研究结果显示人民币在 1994 年至 1996 年低估，1997 年至 2005 年持续高估，2005 年实行汇率改革后，2006 年至 2007 年实际有效汇率接近均衡水平，2009 年至 2010 年间又存在低估现象。ERER 模型适合发展中国家的均衡汇率的度量和评价，但也存在一些缺陷，如模型中某些变量不能取得样本数据、某些变量在检验时不显著，因此均衡实际汇率的精确度还需进一步研究。

3 国内外研究现状

在利率平价理论的相关文献中，许多西方经济学家对该理论进行了大量的探索和研究，我国也有很多学者在该理论的基础上对人民币的适用性等方面进行了实证研究。然而，在中国经济条件和金融体制都十分特殊的背景下，在利率平价理论在人民币汇率的应用上却得出不一致的结论。

3.1 国外研究现状

从20世纪50年代开始，很多西方学者在古典利率平价理论的基础上，联系不断变化的国际金融市场发展形势，进行了大量实证研究，形成了对利率平价理论新的补充和完善。

Stein（1965）以美国、英国、加拿大三国为研究对象，分析了远期汇率变化和利率平价变化关系的理论决定因素，并对二者关系实际价值进行了估计，得出结论：远期汇率的实际变化往往小于利率平价理论所要求的变化。Aliber（1973）对利率平价理论进行了重新解读，认为大多数学者没有解释以套利为目的而未被利用的获益机会以及预期角度的利率平价的重要性，并提出三个解释因素：交易成本、违约风险以及非货币收益、违约风险、非统一的相关收益等因素的组合。Michael P. Dooley 和 Peter Isard（1980）对 1970—1974 年欧洲市场利率和德国马克贷款利率变化利用投资组合行为模型进行了研究，认为：给定一国资本流动控制预期的情况下，由于政治风险而存在的利率差异主要取决于该国对外的债务总量以及世界财富在居民与非居民之间的分配，而利差的变动是由于对资本控制的有效税收。伴随资本控制预期的政治风险将导致对利率平价的偏离。Ray C. Fair（1982）对美国、德国、英国、日本四个国家的利率、汇率和政府支出等变量进行了分析，对各国产出、价格、利率与汇率联系进行了计量经济模型的估计，通过改变模型中的政策变量从而观察内生变量的变化，认为一国的货币政策和财政政策首先影响该国的汇率变化，从而影响进口商品的价格，进而影响国内商品的价格，最后影响通货膨胀率的变化。结论指明了各个国家之间价格、利率与汇率的联系及其重要性。Jonathan Eaton 和 Stephen J. Turnovsky（1983）对抛补利率平价、非抛补利率平价和汇率动态性进行了研究。在货币需求方面对财富效应持风险厌恶态度的介绍中暗含了汇率动态性，这削弱了反映货币困扰的汇率超调的假定；而投机性外汇头寸依赖于风险溢价的假设暗含了大量关于灵活汇率的开放经济的命题，关于财政政策的无效性和完美资本灵活性基础上的国内外利率在恒稳态下相等的假设需要非抛补利率平价而不是抛补利率平价的支持。Mishkin（1984）对国际平价条件下关于各国实际利率是否相等做了实证研究。实证结果否定了各国实际欧元利率相等的假说，同时也否定了非抛补利率平价和相对购买力平价的共同假设以及远期汇率预测和相对购买力平价的无偏性。Gregory（1987）以加拿大和美国两国为例，采用 1972 年 1 月—1985 年 6 月的月度数据对利率平价和理性预期的共同假设进行了检验，并对即期汇率和利差进行了实证研究，结果支持了利率平价理论。McCurdy 和 Morgan（1991）对偏离非抛补利率平价中的系统风险组成部分使用有条件的资本资产定价模型进行了分析，认为传统的风险因素应该被考虑到扩展模型中。Kouretas（1997）以加拿大为例，重新检验了货币汇率模型的长期有效性，进行了协整检验，结果是不能确定一个长期的关系来描述货币模型和非抛补利率平价条件，认为不存在预期的货币模型，而非抛补利率平价在长期也是不成立的。Jyh-Lin Wu 和 Show-Lin Chen（1998）对实际利率平价做了重新检验。他们选取了1979年1月—1996年9月的月度数据对基于CPI的实际利率平价进行了实证分析，得出不支持实际利率平价的结论；采用了三个基于面板的单位根检验，运用欧洲市场利率的月度观察数据，对实际利差的平稳性进行了ADF检验，得出支持基于面板检验的实际利率平价假说的结论，该结论与自1979年以来国际金融市场一体化的快速进程是保持一致的。

综上所述，古典利率平价理论把人们对汇率研究的视角从商品市场转移到资本市场，从资本流动的角度很好地解释了远期汇率变动与利率变动的关系，深化了对外汇市场的认识，尤其是对资金流动问题非常突出的外汇市场上汇率的形成机制有了更为准确的解释。利率平价理论具有特别的实践意义，对于利率与汇率存在的这一关系，利率的变动迅速，同时利率又可对汇率产生立竿见影的影响，这就为中央银行对外汇市场进行灵活的调节提供了有效的途径，即培育一个发达的有效率的货币市场，在货币市场上利用利率尤其是短期利率的变动来对汇率进行调节。但由于当时经济发展和技术条件的局限性，古典利率平价理论没有用具体的数学模型表示汇率利率的数量关系，限制了古典利率平价理论的应用。

现代利率平价理论是其他许多汇率决定理论的基石，理论上提出了外汇市场上本国利率和外国利率的差额与远期升（贴）水的数量关系，为各国对汇率的调节和干预提供了重要依据，为投资者预测远期汇率提供了指南。但该理论的假设条件与经济和市场的实际情况之间存在差异，从而影响了利率平价理论的应用价值。

3.2 国内研究现状

在国内，学术界很多学者也一直在研究利率平价理论视角下利率和汇率两者之间的关系，这些研究围绕以下三个主题展开：检验利率平价理论模型在中国的适用性、利率平价视角下的利率–汇率联动性、利率平价模型的修正。

3.2.1 利率平价理论的适用性

主流观点认为，利率平价理论在我国不具有适用性和解释力。张萍（1996）考察了利率平价理论在中国的表现，认为随着经济体制改革的深化和国内金融市场对外开放程度的提高，人民币汇率、利率和资本流动之间的关系将更接近于没有引入交易成本的利率平价的表现形式，因为任何能够有效地提高国内金融市场开放程度的自由化措施将缩小中性区间的宽度。她提出，由于短期资本的有限流动性、汇率形成缺乏效率、汇率预期形成机制的简单化，当前人民币汇率与利率关系有悖于利率平价理论。杜金珉和郑凌云（2001）通过对中美两国利率差异与人民币对美元汇率变动关系的检验与分析得出了很相似的结论，他们指出现阶段人民币汇率的决定很难直接而有效地适用于利率平价理论，因为中国的实际情况难以满足利率平价理论的大多数假设。刘兴华（2002）从人民币汇率的实际汇率与利率平价理论对人民币汇率所作预测并不契合入手，分析我国利率平价机制的三大制度约束：利率管制性强、国际资本的有限流动性和人民币汇率缺乏有效波动。郑春梅和肖琼（2006）通过实证分析和论证，得出利率平价理论在我国并不适合及人民币利率上调对汇率存在升值压力的结论，并进行了原因分析。这一结论与利率平价基本理论的预测结果恰好相反。张艳芳（2007）通过对利率平价理论在我国的适用性、动态调整机制、相关变量的因果关系及利率平价偏离值的实证研究，由利率平价偏离值判断我国目前潜在套利风险和投机风险。寇军中（2008）通过选取1994—2005年的数据进行实证研究，对利率平价理论进行分析，以人民币汇率来验证利率平价对汇率走势的解释力度，说明利率平价难以解释人民币汇率变化。

然而，另一些观点则认为，利率平价规律在我国发挥着一定的作用。熊原维（2004）认为利率对我国的长期汇率影响有限，从而侧重分析了利率平价理论所描述的短期内利率对汇率的影响，并结合中国的特殊金融市场环境，分析了我国利率对汇率的传导机制，得出结论：由于外资银行、QFII等在今后将成为短期资本流动更便捷、更快速的渠道，并且这在客观上也要求汇率体制作相应改革，因此利率平价理论成立的前提在我国将逐渐具备，利率平价理论在我国将更加具有适用性。张占威（2007）采用了矩阵分析的方法，分析了中美两国不同经济形势组合情况下，能够避免大规模国际资金流动的人民币汇率远期波动幅度。他得出结论：利率平价理论对人民币汇率的决定将发挥越来越重要的作用，利率这一重要的经济变量，与人民币汇率的相关性将不断提高。江春、刘春华（2007）在对我国的经济体制改革过程进行阶段性划分的基础上，对利率平价理论在我国转轨时期的适用性问题进行了实证分析，得出结论，由于深层次制度等方面的原因，利率平价在我国的拟合性较低。但随着市场利率化改革的深入和货币自由兑换的逐步实现，利率平价在我国的拟合性正逐渐优化。

3.2.2　利率平价视角下的利率-汇率联动性

何慧刚（2007）从利率平价理论出发，分析利率和汇率的相互作用，对利率平价理论进行实证检验，并分析了我国偏离利率平价的现实原因，对利率平价模型进行了修正，提出了增强我国利率-汇率联动协调机制，实现内外经济均衡的策略。荀玉根（2008）立足于利率平价理论，分析了利率与汇率的联动关系及政策意义。以利率平价模型为视角，对1985—2007年中美两国1年期存款利率和汇率的变化情况进行实证分析。结果显示，人民币汇率与利率的联动关系偏离了传统利率平价模型所阐述的结论，利率平价模型中利率与汇率的联动性关系在我国表现不明显，利率平价理论在我国的解释性不强。黄小蓉和李娥（2009）基于利率平价理论基础，认识到我国现实条件对利率平价在我国的成立造成诸多障碍，对利率-汇率联动及其条件进行了审视，提出了逐步放松资本管制，实行资本账户下的可自由兑换等四项旨在推进汇率利率相互协调的政策措施。李伟杰（2009）回顾了利率平价理论和利率汇率联动的相关文献，归纳了国内外学者的一些研究成果，并对人民币利率-汇率联动状况进行了相关实证检验。运用1981—2008年的数据对理论和现实的契合性进行了分析，发现利率平价理论与我国实际情况部分契合；运用 1985—2007 年的数据，对汇率变化和利差进行格兰杰因果关系检验发现，汇率变化率是利差的格兰杰原因，而反方向的检验并不成立。

3.2.3 利率平价模型的修正

张昕和朱睿民（1999）对人民币汇率决定过程中利率平价条件的模型进行了研究，尤其突出了公众与央行就汇率目标之间的博弈以及各种途径的套利资本流动、外汇黑市在汇率决定和利率平价中的特殊作用。他们认为，套利者可以通过资本管制条件下的各种违规资本流动渠道来实现套利目的，且这种流动并不仅限于商品渠道。在目前的外汇市场交易方式、人民币汇率生成机制没有出现质变的情况下，利率变化对未来汇率的影响仍将呈现与基本模型不同的结果。叶莉和郭继鸣（2001）在探讨利率平价理论模型的基础上，提出国际资本流动对汇率决定机制的作用，并以利率平价模型的变化分析新兴金融市场的非均衡状态，指出高利率政策的弊病，最后提出了防范国际资本流动冲击的若干政策。易纲和范敏（1997）认为，利率平价成立的前提条件——均衡的市场利率和货币的完全可兑换在中国不成立，因此，利率平价在中国的解释能力不强，目前，汇率变动应该等于利率加上一个由体制等原因决定的摩擦系数。而随着中国开放度的提高和利率市场化程度的提高，摩擦系数会逐步减小，利率平价的预测力会越来越强。杨帆（1997）指出除了计划利率、外汇管制以外，外汇远期市场的缺乏也是影响利率平价发挥作用的重要体制性因素。他指出：人民币汇率最主要的决定因素还是停留在商品市场层次上，利率平价对汇率的影响不是直接在资本市场上体现，而是通过商品市场体现。钟云波（2000）利用利率平价理论和汇率超调学说以及参考换汇成本学说，对改革开放以来人民币汇率波动及其与利率的关系进行了实证检验，并针对利率平价在我国的适用程度的差异，将交易成本和资本管制等因素考虑进去，并修正了利率平价公式，建立了人民币汇率调整的模型，更好地解释了现阶段人民币汇率、利率与资本流动之间的关系。薛宏立（2002）继承和发展了易纲他们的研究，他将制度摩擦系数和交易成本引入利率平价模型，也得出了与之相似的结论。他认为随着经济体制改革的深化和国内金融市场对外开放程度的提高，制度摩擦系数将趋近于零。人民币汇率、利率和国际资本流动之间的关系将接近于引入交易成本的利率平价的表现形式，并且交易成本将会有逐渐下降的趋势，因为任何能够有效地提高国内金融市场开放度的措施都将缩小中性区间的宽度。此时，利率平价理论将是远期外汇市场上汇率定价和汇率预测的最好工具。叶莉和郭继鸣（2003）在评述利率平价及汇率超调理论模型的基础上，对我国1994年外汇体制改革后，人民币汇率波动及其与利率的关系进行实证分析，并针对利率平价理论在我国现阶段适用程度的差异，引入交易成本对利率平价模型进行修正，使其能够在我国金融市场进一步开放的情况下，更好地解释人民币汇率、利率、资本流动之间的关系。范剑（2006）选取了1985—2005年间中美利率及汇率变动的样本数据，通过实证分析得出中国利率、汇率变动对古典利率平价模型契合度很低，提出了适合中国现状的利率平价模型。叶佳（2007）回顾了已有的研究成果，通过图形和双对数检验模型对中美利率和汇率的联动性进行实证检验。在人民币汇率的形成路径的基础上，提出人民币汇率偏离利率平价的原因。同时，在标准利率平价模型的基础上，引入资金流动的利率弹性系数和风险系数，得出利率平价模型在中国的特殊表现形式。苟玉根（2007）通过分析利率平价在中国的表现，认为利率平价理论在中国表现失灵的原因主要是短期资本流动的有限性、外汇市场缺乏效率和交易成本较高所致，并在引入交易成本的基础上再引入资本管制因素，对利率平价模型进行了修正，成为更全面地描述人民币汇率与利率关系的利率平价模型。

3.3 值得进一步研究的问题

从上述文献来看，尽管国内学者对利率平价理论做了大量的实证研究，但是，他们的分析主要是一种推理性的定性分析，或是只对中美利差在表象层面进行了描述，或是对传统的利率平价理论进行了简单的修正。例如，虽然引入交易成本、摩擦因素等变量以后能加强利率平价对人民币汇率的解释能力，但是利率平价理论在中国难以成立，且在某种程度上并不具有可操作性而缺乏实际意义，更缺乏从经济和金融层面出发关于经济结构和资产价格套利视角的研究。本书在已有文献的基础上，深入地分析利率平价模型在我国的适用性，从巴萨效应视角解释我国汇率变动的深层次原因，把资产价格套利因素引入到利率平价模型中，对利率平价理论中的套利方式进行修正和拓展。并在此基础上，进一步探讨面对不断深化的金融开放，使修正后的利率平价理论模型更好地适用于我国的宏观经济现状，从而为中央银行制定货币政策提供有价值的参考依据。

4 中美利差原则约束下中国货币政策的实践

从前文分析可知，多数学者认为利率平价理论对人民币汇率的解释力并不强，可见传统的利率平价理论在中国难以成立。而在"中美利差原则"下我国经济运行的实际发展状况中发现，其主要原因是跨国资本流动的盈利模式已经转变。

4.1 相关概念界定

4.1.1 中美利差原则

在凯恩斯和艾因齐格提出的利率平价理论中，认为两个国家利率的差额相等于远期汇率和即期汇率之间的差额。他们认为均衡汇率是通过国际抛补套利所引起的外汇交易形成的。在两国利率存在差异的情况下，资金将从低利率国流向高利率国以谋取利润。但在现实操作的过程中，套利者在比较金融资产的收益率时，不仅要考虑两种资产利率所提供的收益率，还要考虑两种资产由于汇率变动所产生的收益变动，即外

汇风险。套利者往往将套利与掉期业务相结合，以规避汇率风险，保证
无亏损之虞。大量掉期外汇交易的结果是，低利率国货币的即期汇率下
浮，远期汇率上浮；高利率国货币的即期汇率上浮，远期汇率下浮。远
期差价为远期汇率与即期汇率的差额，由此低利率国货币就会出现远期
升水，高利率国货币则会出现远期贴水。随着抛补套利的不断进行，远
期差价就会不断加大，直到两种资产所提供的收益率完全相等，这时抛
补套利活动就会停止，远期差价正好等于两国利差，即利率平价成立。
因此通过利率平价理论的基本观点我们可以归纳出"中美利差原则"：远
期汇率围绕利率差上下波动，两国的远期汇率差是由中美两国利率差异
决定的，高利率国货币在远期汇率市场上必定贴水，低利率国货币在远
期汇率市场上必定升水，银行利率的变化将直接促使远期汇率重新调整。

图4-1是中美利差原则下人民币汇率应有的走势。

图4-1 中美利差原则约束下人民币汇率应有的走势

4.1.2 政策利差和国债利差

为了方便下文的分析，本书首先界定政策利差和国债利差。从理论
上讲，如果资金可以自由流动，那么各国的国债收益率应该会保持相对
的稳定关系，这也意味着两国的国债利差在大部分时间都会维持区间震
荡的状态。这就意味着在预期层面，同一时间购买美债和中债应该得到
相近的回报率。但是各国的经济环境不同，金融体系就不同，且存在着
各种摩擦，因此各国的国债收益率也不尽相同。

政策利差决定国债利差。在这个传导的过程中，经过对汇率、货币政策等因素的预期的干预，以及资金非自由流动的限制，最终形成国债收益率。由于未来的利率和汇率政策都与货币政策相关，因此两国的国债利差应该与两国的货币政策或者代表货币政策的政策利差呈现正相关的关系。从中国的情况来看，中美国债利差和中美政策利差有很高的相关性。而市场化的资金市场和滞后调整的存贷款市场也越发显现出"双轨"的特点（如图4-2所示）。

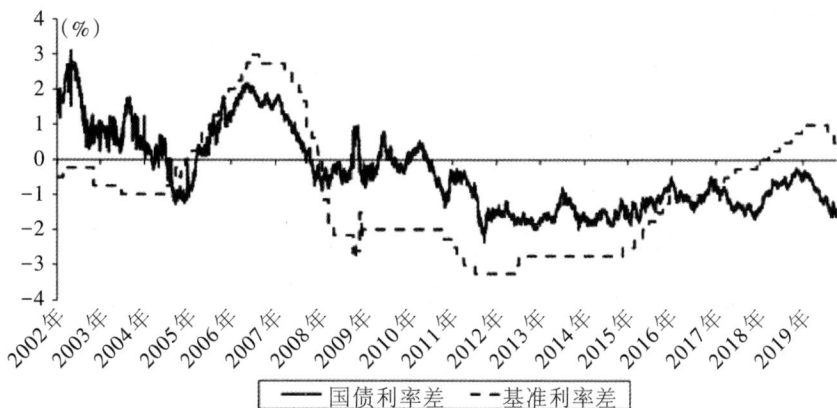

图4-2　中美政策利差和国债利差关系图

4.2　中美利差原则实践

由于我国长期存在"双轨"利率，因此本书在分析利率时经常会结合央行比较认可的基准利率之差和市场比较认可的10年期国债收益率之差作为中美长期利差的统计指标，兼顾人民币的即期汇率和远期汇率，我们将中美利差原则约束下的中国货币政策实践分为四个阶段进行分析：

2005年7月—2008年9月：这一时期人民币对美元汇率升值，中美利差原则在维持了2年后夭折，中美长端利率开始分化，美国遭遇次贷危机后开始大幅降息。

2008年10月—2010年6月：这一时期人民币汇率保持稳定，国内长期利率的波动减弱，中美长期国债收益率的联系加强。

2010年7月—2014年2月：人民币汇率恢复单边升值，其间中美国债利差出现一次分化。

2014年3月—2018年12月：2014年"3·17"汇改后，人民币汇率由年初的加速升值转为反向调整，人民币汇率走向贬值通道，中美利差呈现出震荡缩窄的趋势，中美经济周期错位导致中美长端利率分化。美联储2014年停止QE，2015年12月启动加息，2018年启动缩表，美国货币政策逐步走向正常化，基本面和货币政策的组合大致为"经济向上+货币收紧"，中国在稳增长压力较大的情况下启动供给侧结构性改革。

图4-3是2005年以来中美10年期国债收益率和人民币汇率走势。图4-4是2005年以来中美基准利率和人民币汇率走势。

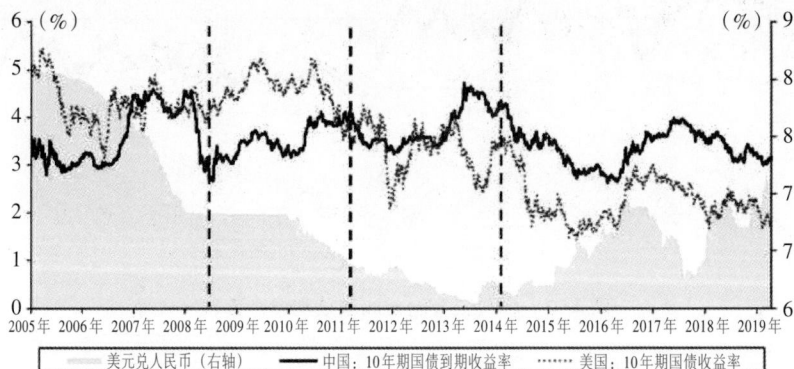

图4-3　2005年以来中美10年期国债收益率和人民币汇率走势

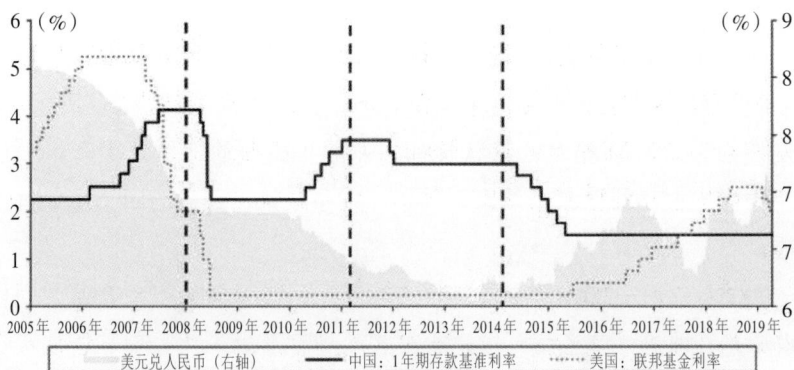

图4-4　2005年以来中美基准利率和人民币汇率走势

4.2.1 升值阶段：量价双松

回顾历史，2002年3月中旬至2003年12月初，乔治·沃克·布什采用"201条款"期间，美国政府为刺激出口，政策突然转向，由"强美元"政策转为"弱美元"政策，放任美元贬值，美元指数从2002年3月的117左右一度贬值到2003年12月的85.11。虽然后期WTO的介入使得贸易形势改善、美元汇率回升，但是2004年5月起美元再度贬值，12月达到了最低点80.53。由于我国当时实行的是紧钉美元的固定汇率体制，在此期间人民币也随美元一路贬值。然而，人民币贬值加剧了中国与其他贸易伙伴的摩擦和分歧，布什政府曾先后派美国财长斯诺等人来华，就人民币汇率问题向中国施压。

在这样的背景下，我国进行了第四次汇率改革，宣布于2005年7月21日起实行汇改（中国人民银行发布《关于完善人民币汇率形成机制改革的相关事宜公告》），改革后取消了钉住美元的固定汇率制度而重归有管理的浮动汇率制度，人民币汇率弹性随之大幅增加，我国开始实行以市场供求为基础、参考"一篮子"货币进行调节、有管理的浮动汇率制度。之后我国前期因美元贬值而积累的升值预期得以释放，在政策公布当天将人民币汇率便上调了2.1%，此后人民币汇率一路上升，截至2008年2月，人民币累计升值幅度超过了3.66%。货币政策从紧推动利率和汇率齐升。市场上充满中外金融机构和专家的各种分析和猜测，人民币汇率到底会升高多少？

花旗银行的分析师提出过20%的观点，国内专家有7%的言论。2006年2月11日，时任中国人民银行行长助理易纲（现为中国人民银行副行长）在北京大学中国经济研究中心举办的"中国经济观察第四次报告会"上提出了3%的利差论，他认为：根据利率平价理论，预期的汇率变化百分比应当等于两国利率之差。也就是说，如果美元利率比人民币利率高3%，而人民币升值幅度在3%或3%以内，那么从套利的角度来说，攻击人民币就无利可图。由此，基于利率平价理论的"中美利差原则"被正式提到了货币政策和宏观经济政策调控的日程上。

易纲的上述讲话正是基于中美两国利差的实际，2005年中国经济过热得到遏制，宏观调控结束并放松货币政策，因此可以看到短端利率下行。2006—2007年在强劲出口的带动下中国经济再次走向过热，央行再次收紧货币政策。这一时期，美国经济在居民加杠杆推动的房地产热潮中走向过热，美联储从2004年开始逐步加息，直至2006年前后美国经济触顶。2007年美国房价由盛转衰，次贷危机逐步发酵并爆发，美联储转向降息。这一时期中美基本面和货币政策错位，另外两国的长端利率和通胀相关度较高，而通胀跟基本面高度相关，因此两国基准利率和长端利率背离明显。我国2006年8月份加息之前1年期存款利率为2.25%，而美国1年期联邦基金利率为5.25%，只要人民币升值幅度为3%或是3%以内，即将人民币升值幅度控制在中美利差范围之内，则流入我国的国际资本是不可能获利的。如果中美利差原则这样一直持续下去，那么我国就不必担忧加大人民币升值压力的国际资本的冲击了，然而，事情的发展并没有计划的那么顺利，事与愿违的态势不可避免地发生了。

图4-5为2005年以来人民币汇率升值幅度与负利率差额对比图。

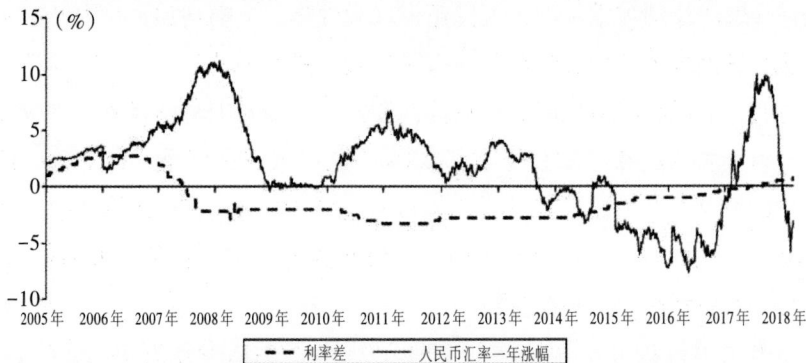

图4-5　2005年以来人民币汇率升值幅度与负利率差额对比图

在遵循中美利差原则下，中国人民银行依据利率平价理论，刻意在中美两国之间保持2%~3%的利差水平，人民币年升值幅度基本上一直控制在中美利差范围内，以阻止热钱流入中国，从而减轻人民币升值的压力。这一时期，在汇率升值的同时，我国采取了较为宽松的货币政策。2006年年初，人民币年升值幅度还基本上一直控制在中美利差原则的范围内，以遏制热钱对人民币升值的投机。人民银行在第三季度货币政策执行报告中明确表示："中美负利差使境外资本进入我国套利面临明显的利率成本约束，在一定程度上制约了境外套利资本流入，为汇率形成机制改革创造了良好外部环境。"2006年末，人民币1年期存款利率为2.52%，与美联储5.25%的基金利率利差为2.73%，而当年人民币升值3.35%，基本符合中美利差原则。由此可见，该时期，利差升值原则依然为央行所看重，并在实际操作中加以运用，并由此形成了货币价格上的宽松局面。

随着我国外向型经济的迅猛发展，国际贸易顺差逐年扩大，再加上受美元贬值下人民币升值预期的影响，外资纷纷涌入，我国的进出口总额不断增加，贸易顺差持续加大。在国际收支持续双顺差下，为了维持汇率稳定，央行需要在外汇市场上大量收购外汇，使得外汇储备持续高速增长，2004年我国外汇储备同比增长甚至达到51%，至2005年年底外汇储备已经达到8 188.72亿美元，2006年达10 663.44亿美元，2007年全年为15 282.49亿美元，同比增长43.31%，对外贸易顺差为1 856.5亿美元。由于我国形成了结售汇制度下外汇储备决定基础货币供给的机制，发放的本币数量随着外汇大量购买而增加，大量外汇占款造成了流动性过剩的局面，最终导致货币供给的不合理扩张。由此形成了我国货币数量上的宽松局面，我们称这一时期为"量价双松"阶段。

短期来看，"汇率升值+货币宽松"的政策组合有利于促进国民经济平稳较快发展，提高我国应对外部冲击的弹性，缓和我国与主要贸易伙伴的关系。但是长期来看，这一政策组合加大了通胀压力，形成了资产价格泡沫，导致之后几年内我国房地产价格快速上涨，2007年，全国商品房销售面积、销售金额分别为76 193万平方米、29 604亿元，同比分别增长25.7%、44.3%；其中，住宅销售面积、销售金额同比分别增长27%、48.6%。与此同时，在之前的低利率政策的刺激下，过剩的流动性涌向了资本市场，股票市场、房地产市场持续升温，资产价格膨胀。上证综合指数与深证成分指数创出历史新高；2007年9月，全国70个大中城市房屋销售价格同比上涨8.9%，环比上涨1.7%。资产价格的迅速膨胀吸引了大量国际资本的流入，人民币升值压力并没有因为中美利差原则而得到缓解，反而进一步加大了。

从2006年年底央行利率政策取向的变化可以看出，央行正在淡化中美利差原则的作用。进入 2006 年年底之后，2007 年货币政策转向从紧，针对国内通货膨胀压力以及流动性过剩的现状，央行允许人民币汇率波动区间增大，人民币升值趋势也明显加快，同时加快了加息节奏和紧缩性货币政策力度，利率水平快速上行。由于国内流动性过剩状况在短期内不太可能有根本改观，央行在 2007 年连续 5 次加息，12 月份再次加息。2007 年，随着央行的持续加息，中美利差不断缩小，人民币 1 年期存款利率 3 月份提高到 2.43%，5 月份进一步提高到 2.61%，与 5.25% 的美国基准利率利差由 2.82% 降到 2.64%，2007 年 7 月美联储加息停止而降息开始，央行仍在持续加息，1 年期存款利率 7 月、9 月分别提高到 2.88%、3.42%，中美利差继续收窄，9 月份中美利差降至 1.52%。与此同时，10 年期国债到期收益率经历了 2005 年 7 月至 2006 年 10 月的较大幅度盘整后快速上行，2007 年 7 月达到高位后继续盘整至 2008 年 9 月。货币政策 2005 年至 2006 年趋向稳健中性，相对应 10 年期国债到期收益率美元宽幅波动。

此时，人民币保持惯性升值预期，进一步导致国际资本流入中国，同时，外贸顺差持续大量输入流动性，货币政策陷入了进退两难的境地：如果为了坚持中美利差原则，下调国内利率，央行回收流动性将更加困难，而且资产价格可能大幅度攀升，影响我国的股市和房地产市场的稳定；如果国内利率不下降，按照中美利差原则，会有更多的国际资本流入，人民币升值压力将加大。然而，我国的实际经济状况存在着投资增长过快、货币信贷投放过多以及贸易顺差过大等矛盾，为了调节国内经济，抑制通货膨胀压力，回收过多的流动性，2007 年中央银行采取加息的措施是必然的。在 2007 年 10 月之前，人民币年升值幅度基本上一直控制在与中美利差大致相当的水平上。到 2007 年末，中美利差已减小到 0.88%，而人民币对美元升值幅度超过了 6%，是 2006 年的 2 倍，远远超过了中美利差。基于中美两国利率的相反方向的变化，两国利差逐渐缩小，人民币汇率的升值幅度加大，超出了利差范围之外，中美利差原则无法再维持。在此情况下，从我国 1 年期的存款基准利率和美国的联邦基金利率的利率差视角出发的利率平价理论指导下的中美利差原则就这样"夭折"了。

4.2.2 窄幅波动阶段：利率水平先下后上

2008年下半年，美国次贷危机爆发并迅速蔓延引发全球金融危机。为抵御全球金融危机和世界经济衰退的影响，2008年10月央行开启降准降息窗口应对美国次贷危机和全球金融危机，货币政策转松后利率水平快速下行。2008年10月至2010年6月，外汇方面采取相对固定的汇率制度，这一阶段人民币汇率保持极窄幅波动，在6.81~6.84区间内，其间外汇储备增加5 339亿美元。这一阶段为抵御外部冲击而牺牲了人民币汇率的市场化，但利率水平受货币政策宽松的影响而大幅下行，此后货币政策回归常规，利率水平有所波动。

国债利差方面，从中美利差的运行规律来看，2008年前后中美利差运行规律和运行中枢有显著差异，2008年之前，中美长期国债收益率相关性较弱，中国长期国债收益率波动相对大于美国长期国债收益率波动，但中美收益率绝对水平接近，这一时期，中美经济周期相关性不强，中美利差跟中国自身经济周期相关性更强。2008年之后，随着美联储几次量化宽松政策，美国国债收益率中枢水平显著降低，特别是2010年11月第二次量化宽松政策之后，美国长期处于低利率状态。同时，随着中美经济周期相关性的加强，中美国债利率波动呈现很强的相关性，利差趋于稳定，波动区间较之前缩小，利差的波动更多地来源于利率变化速度的差异（如图4-6所示）。

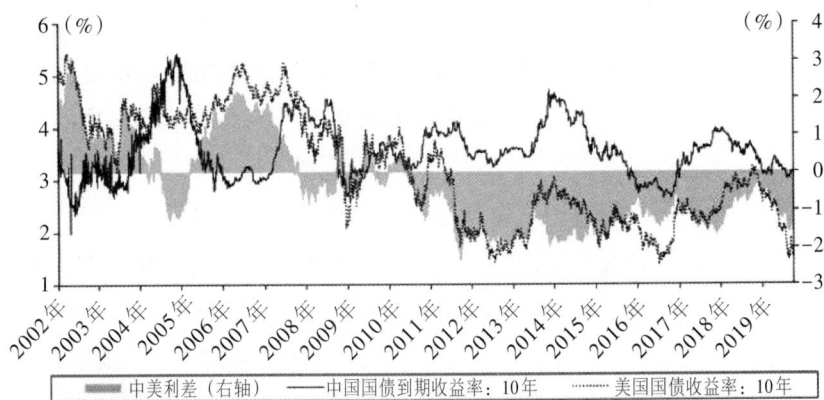

图4-6　中美10年期国债收益率对比图

随着中国经济体量的增大和国际参与度的提升，中美经济周期的相关性越来越强，2008年后中美经济周期的相关性显著提升。可以说2008年前后中美利差是存在系统性差异的，而2008年后的中美利差的运行规律总体上反映了中美经济周期的相关性，同样，利差的波动也反映两国小周期的分歧。此外，由于次贷危机的冲击，美国于2008年11月实行第一轮QE，美债收益率也随之呈现下行趋势，中美利差开始保持长期为正的状态。中美长端利率趋同。全球金融危机的爆发使中美乃至全球经济大周期呈现出同步起落的特征：2008年年底至2009年年初为经济谷底，中美长端利率也随之走低。而各国在大规模经济政策刺激下，经济的反弹和通胀预期的抬升，使得中美长端利率均随基本面抬升而抬升。

进入2010年，危机后人民币汇率非常规安排退出，央行开始持续收紧货币政策，成为利率上行和人民币汇率升值的影响因素。2010年6月19日央行发表声明，根据国内外经济金融形势和中国国际收支状况，央行决定进一步推进人民币汇率形成机制改革，增强人民币汇率弹性，宣告人民币汇率政策率先退出非常规政策安排。截至2011年9月底，人民币汇率累计升值7.4%。与此同时，央行存款准备金率回到2008年前的17.5%水平，并继续提高存款准备金率，货币政策的从紧推升利率水平。

4.2.3 恢复升值阶段：利率下行

2011年9月至2012年9月，货币政策偏松、汇率管制较少，利率下行的同时人民币汇率升值。在美国"财政悬崖"带来的不确定性和欧债危机持续恶化的影响下，全球经济风险不断聚集，美国开启QE2，央行通过降准降息的宽松货币政策应对外部不确定性，稳定经济增长，利率水平下行。而国债利率方面，量化宽松政策使得美债收益率长期保持在低位，而国内长期利率并没有出现明显下行的趋势，中美利差长时间维持在高位，均值为146bp左右。这一阶段，央行基本退出了外汇市场的常态干预，也没有对跨境资本流动做出收紧的政策限制，人民币汇率保持窄幅波动。

2012年10月至2014年2月，人民币汇率恢复单边升值，偏紧的货币政策的金融监管收紧推升国债利率水平，海外经济波动传导至国内，中美利率弱联动且有所错位。2013年年底，欧洲主权债务危机影响有所消退，人民币汇率单边升值，外汇储备明显增长。欧债危机缓解后，欧洲各国也与中国等新兴市场经济体一样，刺激力度上升，带动全球增长和通胀预期改善，美债收益率逐步触底上行。同时，中国在"GDP保8"的背景下面临较大的稳增长压力，金融危机后持续宽松的货币政策使得金融体系内部风险有所积聚，理财、票据和同业业务以及地方政府性债务和偿债能力的监测和风险防范成为央行这一阶段的主要目标，货币政策方面逐步收紧流动性投放，监管政策加码，推升了国内利率水平快速上行。这一阶段，中国长端利率下行拐点实际上领先于美国，美债利率最终向中国国债利率收敛。

4.2.4　贬值阶段：量价双紧

2014年3月至2015年7月，货币政策宽松下利率水平下行，人民币汇率双向窄幅波动。2014年"3·17"汇改后，人民币汇率由年初的加速升值转为反向调整，这一阶段人民币汇率保持窄幅波动，而离岸人民币波动幅度明显加大且持续低于在岸人民币，存在较大的资本外流压力，外汇储备开始由前期的持续增长转为下降。利率方面，连续降准降息过程中利率水平快速下降。

2015年8月至2016年9月，"8·11"汇改后人民币出现加大的贬值压力，同时双向波动特点更为显著。2015年"8·11"汇改优化人民币汇率中间价报价机制后，与国内外其他因素交织在一起，形成了较强的人民币单边贬值预期，资本外流、储备下降进一步扩大。货币政策方面，宽松货币政策灵活使用准备金工具，并加强政策利率的引导作用，利率水平下行。

无独有偶，2016年11月17日，清华大学经济管理学院Freeman经济学讲席教授、清华大学中国与世界经济研究中心主任李稻葵在"财经年会2017：预测与战略"上谈及2017年人民币汇率走势时曾说过这样一段话：我个人的建议或预测，我认为明年人民币对美元的汇率不会贬过 5%, 最多 3% 甚至更少一点, 为什么? 这恰恰是中美之间无风险的财富管理的产品的利差, 美国基本上是零, 我们银行无风险的理财产品 4% 左右, 3%~5%, 甚至比 3% 更小一点, 这是管理预期的一个基准的空间。由此, 基于利率平价理论的"中美利差原则"又一次被学者提出并引起热议。

2016 年四季度开始, 货币政策由宽松转向收紧, 公开市场操作收紧短端流动性, 后续上调政策利率, 加之监管政策的逐步收紧, 推升国债利率水平快速上行。外汇市场方面, 这一时期人民币汇率与美元指数同步性明显增强, 美元走强过程中人民币汇率继续贬值, 美元走强成为人民币贬值的主要原因 (如图 4-7 所示)。

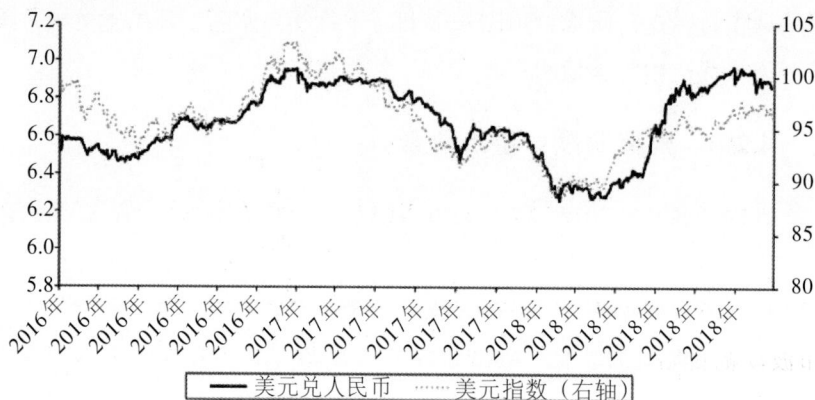

图 4-7   人民币汇率和美元指数对比图

中国 2014—2015 年稳增长压力较大, 2016 年中国经济景气下降, 本应该通过降息投放流动性, 但随着美联储加息周期和美元升值周期的到来, 美联储的持续加息必然使得中美利差进一步缩小, 为维持适度的中美利差并应对经济下行压力, 中国不能跟进美联储加息。利率当降未降, 从货币价格的角度看, 呈现一种紧缩的局面。为符合利率平价条件, 由于中国不能让人民币大幅度贬值, 人民币贬值幅度必须大幅度缩小, 央行不得不加大对人民币干预力度, 卖出外汇, 回笼人民币。但在美元强劲的升值背景下, 人民币的贬值压力不断加大, 央行货币政策面临极大的困境。若央行想缩小人民币贬值幅度, 则必须更大幅度地卖出美元, 外汇储备大幅减少, 从而进一步强化人民币贬值预期, 资本外流会更加严重，对中国经济产生深远的冲击。人民币当贬未贬，从货币数量的角度看，人民币也呈现紧张的局面。如果央行跟进美元加息，虽然维持了中美利差均衡格局，也会缓解中国人民币贬值压力，但会对中国经济产生较大冲击，从根本上不利于中国稳定经济增长的目标，而中国经济下行压力的持续加大，也会从根本上不利于实现人民币汇率的稳定。所以，总体呈现出一种量价双紧的局面，这种局面使得央行的货币政策捉襟见肘。

为了疏解外汇市场"羊群效应"，中国人民银行于 2017 年 5 月 26 日正式宣布在人民币汇率中间价报价模型中引入"逆周期因子"，形成了"中间价=前一日收盘价+一篮子汇率变化+逆周期因子"的人民币汇率形成机制，此后人民币对美元和"一篮子"货币均有升值，外汇占款规模则趋于平稳。引入逆周期因子后，在岸人民币与离岸人民币汇率之差大幅稳定，相对应的银行结售汇差额及外汇占款环比增加也处于零值附近。利率方面，货币政策紧缩和监管政策收紧，利率水平保持上行趋势。

2018 年 2 月至今，人民币对美元快速贬值而利率快速下行。这一时期内，货币政策的转松并通过数量型货币工具营造出宽松的流动性环境，长短端利率都有明显的下行。汇率方面，美联储渐进式加息的货币政策和缩表进程与我国宽松的货币政策相对，加之美国经济表现较强，美元指数走强使得人民币对美元汇率持续走低。这一阶段外汇储备处于降低的区间内，存在一定的资本外流压力。

4.3　基于利率平价理论的利差原则在外国的经验——以日本为例

利率平价理论是解释不同经济体之间利率关系的经典理论，基本结论是由于投资者在不同经济体之间套利行为的存在，经济体之间的利差等于汇率的变化幅度，这个理论也正是契合了易纲和李稻葵的观点，但是这个观点在我国并没有得到很好的印证，因此我们将视角转向国外，寻找一个金融发展较为充分的国家来看看外国的经验是否能印证这个观点。

　　利率平价理论认为随着套利行为的不断进行，最终不同经济体之间的利率水平将趋于一致，但现实中由于交易成本和汇率制度等多种因素的限制，不同经济体之间的利率并非趋于一致，然而利率水平存在差异的不同经济体之间的套利行为是普遍存在的，典型的如美国和日本之间的利差套利。由于日本长期维持低利率，并且国债收益率波动小，美日利差长期维持在高位水平；并且日元是国际储备主要货币之一，流动性好，满足套利所需条件。故以日元为"融资货币"、以美元为"投资货币"、卖出低利率货币、买入高利率货币的套息交易行为广泛存在于外汇市场中。套息交易行为使得美日利差成为直接作用于日本国债的因素，一旦美国国债收益率出现调整，其将直接影响日本国债收益率。其影响机制可以大体总结为：

　　美国国债收益率上行→美日利差扩张→买入美元，卖出日元→抛售日本国债→日本国债收益率上行

　　即利差扩张所导致的套息交易开仓行为影响日债收益率上行。可见，美日利差对日本国债收益率的影响是直接的、迅速的。同时，在套息交易行为下，汇率和利差的影响是直接的、双向的（如图4-8所示）。

图4-8　美日利差和日元汇率走势图

　　我们可以从美日利差和日元汇率的强相关关系中验证上述结论。在多数时间内，美日利差和日元汇率都保持强相关关系，波动方向基本相同，符合上述作用机制中利差与汇率的关系。而美日利差和日元汇率的

偏离时间均较为短暂，较为明显的偏离发生在 2014 年下半年和 2018 年上半年，其背景有相似之处，2014 年下半年适逢日本推出"质化量化宽松政策"（QQE），美国结束第四轮 QE；2019 年上半年同样是日本推出大规模宽松政策，而美国货币政策开始收紧。可见美日货币政策的分化可能是造成美日利差和日元汇率背离的主要原因，并不违背美日利差对日债的作用机制。

4.4 "中美利差原则"失效的原因

以资本流动为载体的利率平价理论，本质上是源于远期汇率依据利率平价公式，根据两国的短期利率之差进行定价。站在短期视角上，利用利率平价理论，根据两国短期利差似乎可以对汇率未来的走势做出预判。但是汇率未来的走势未必与远期汇率的方向一致，而且从中美利差原则下的货币政策实践来看，将人民币汇率升值幅度控制在中美利差范围内或与之相当的水平以抑制热钱流入的设想并没有达到预期的目标。因此，人民银行最终选择放弃了一贯遵循并为市场广泛认同的中美利差原则。这使我们不得不思考中美利差原则失效的原因。

4.4.1 国内债市传导机制不畅

如果中美利差直接影响国内债市应具备与美日类似的传导机制，即美国国债收益率上行→中美利差收窄→买入美元，卖出人民币→抛售中国国债→中国国债收益率上行，也就是利差收窄导致的套息交易行为影响国债收益率上行，显然，首先，由于资本并非自由流动，"买入美元，卖出人民币"环节存在诸多限制；其次，虽然自 2010 年已经有境外央行或货币当局、主权财富基金、国际金融组织、人民币境外清算行和参加行、境外保险机构、RQFII 和 QFII 进入国内债券市场，但境外机构对于国内债券市场的参与度并不高，套息交易规模不足以形成足够的力量影响国内债市。

因此，美债收益率上行和利差的收窄并不直接对国内债市产生"抛压"，中美利差所谓"铁底"仅限于对市场情绪的影响。但随着资本项下开放的推进和国内债市的开放，随着机构套息交易头寸的增多，国内外收益率的联动将强化，中美利差的指导意义也将增强。

4.4.2 利率非市场化的制约

利率作为货币政策的中间指标，具有调节经济，引导投资和消费，反映资产价格的作用。对宏观经济的作用可表示为：总需求↑→物价↑→企业利润率↑→商业银行信贷风险↓→借贷资金供给↑→借贷资金利率↓→借贷资金需求↑→投资和消费↑→产出↑。反之亦然。利率作为资产收益率的基准指标，与资本市场和货币市场的收益应该存在联动的关系，但我国利率由于未完全市场化，故不能有效引导投资和消费，很难作为市场投资的基准指标。

利率无法通过影响消费和投资进而影响我国的总需求，无法正确反映我国的资金供求状况。我国的固定资产投资增速和短期贷款利率的关系如图4-9所示，数据选取的是2000—2018年贷款期限在1年以内（含1年）的短期贷款利率和固定资产投资完成额累计同比的月度数据。依据凯恩斯理论，投资作为利率的减函数，随着利率的增加，应该逐渐下降。但是从图中可以看出，2000—2011年，短期贷款利率和投资增速大致维持着负相关的关系开始逐渐淡化，短期贷款利率从5.58%下降至5.31%期间，固定资产投资增速呈现波动上行状态，2004年是投资和利率关系改变的转折点，此后短期贷款利率不断上升，至2007年利率上升至7.8%，投资增速迅速下降后维持平稳，2008年受金融危机影响，利率大幅下降，随后贷款利率维持上升趋势，于2011年达到6.56%，投资增速也随之先上升后下降。但从2012年开始，短期贷款利率和投资增速间负相关的关系完全消失殆尽，贷款利率从6.56%下降到4.35%，投资增速也从21.5%下滑至5.9%。

这说明在我国，利率虽然作为企业成本的反映指标，但一方面由央行进行调控，更多反映政策意图，利率不能充分反映市场资金的供求状况，另一方面从金融机构到企业决策主体再到整个生产的传导流程存在较大时滞，利率通常不能及时反映市场资金供求水平。而联邦基金利率的调节市场化程度更高，可以充分、及时地反映市场资金供求，中美利率的决定与传导的差异性导致中美利差原则失效。

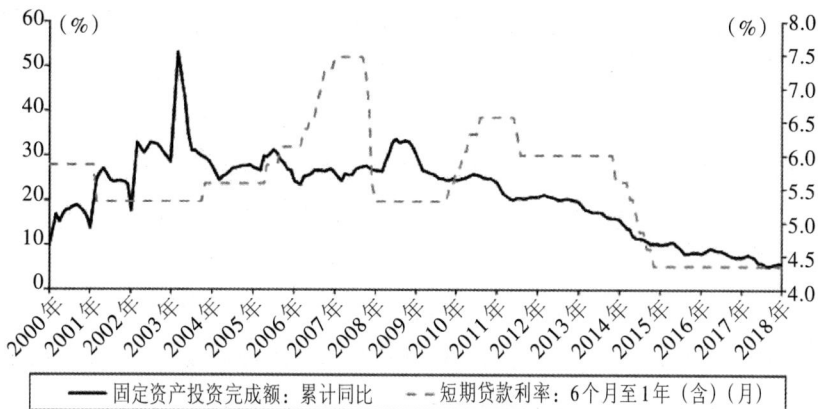

图4-9 固定资产投资增速和短期贷款利率关系图

利率体系尚不健全,利率之间的联动关系尚未建立。我国自1996年以来开始稳步进行利率改革,逐步放开部分市场,逐渐形成了货币市场利率、银行间拆借市场利率、大额协议存款利率的市场化定价。但直到目前为止,我国的利率并未完全市场化,完善的利率体系和利率联动机制并未建立,作为货币市场风向指标的短期利率和资本市场的长期收益率之间并无法建立良好的联动关系。利率管制的条件下,利率调整的决策过程非常复杂,会滞后于经济的发展,失去自动调节的功能,成为各方协调的结果。各收益率之间的关系非市场化,严重制约了货币政策的有效性,常常导致利率和汇率政策之间的非一致性。

4.4.3 资本非自由流动

历史上新兴经济体发生货币危机时,曾出现过汇率贬值预期→资本流出负反馈的状态,进而导致螺旋式外汇储备耗尽、汇率大幅贬值。在这种状态下,资本大量流出会导致新兴经济体内部的股票、本币债券等资产价格出现快速下跌,本质上是国内投资者跟随外资,将资产从本币资产转移到外币资产。

而中国未曾出现过货币危机的状况,其原因就是资本的非自由流动。2015年汇改后,人民币汇率波动幅度有所扩大。在一个较短的时段内,存在人民币汇率贬值的预期,加之资本项目下对海外资产的配置约束，国内资金无法外流，只能在内部寻找出口，推升了投资者对中国内部高收益安全资产需求的迫切性，以对冲美元计价的资产损失。而当时也正是股市从高点回落之后，高收益安全资产首推一二线城市的房地产，对高收益安全资产的追逐带动了一二线城市房价的快速上涨，也引发了随后对一二线城市地产的严厉调控。因而汇率贬值对资产价格的主要影响并不是体现在对国内资产的抛售上，而是体现为投资者对国内资产的重新配置上。在这一阶段，人民币汇率下行，国内经济下行压力加大，对应了国内降准降息等货币宽松政策，长端利率持续下探。在资本管制的状况下，资金外流受限，投资者对国内高收益安全资产抱团，以期保值。在该渠道下，中国经济下行压力导致货币宽松、利率下行，汇率贬值预期致使外汇储备大幅消耗，形成量价双紧的局面。中美利差收窄和人民币汇率贬值均是当时国内经济基本面的反映，而导致的一个后果就是为了维持收益率的平衡，国内高收益安全金融资产价格的不降反升。

4.4.4　中美经济动态不一致

中美利差原则成立的一个假设条件是中美经济动态具有一致性，这就使中美之间利差的维持不仅取决于中国经济的周期性波动，还受到美国经济周期波动的限制。在中美经济周期分化以及贸易纷争加剧的情况下，利率和汇率如果依然锚定在美国身上会使内部的压力和矛盾无法转移，如果没有中央政府加杠杆的保驾护航，这种锚定会趋于减弱，导致最终的分化。一旦中美两国经济出现动态不一致，中国采取以维持中美利率差异来遏制人民币升值的措施就很难继续下去。

我国保持双顺差，美国持续逆差，我国经济实力相对于其他经济体快速提升。我国从1994年汇率并轨之后，除了个别的年份以外，一直保持着金融账户和经常账户的双顺差，为资本的投资创造了良好的环境，实体经济的强劲带动资本市场的繁荣，吸引大量的国外资本流入我国金融市场。我国的货物和服务项目在2001年只有280.86亿美元，但是在2009年却已经突破了2 200亿美元；外商直接投资也有惊人的增长，2009年达到了1 409亿美元，是2001年的3倍以上。伴随着双顺差的持续，我国的金融和实体经济市场的投资环境明显强于国外的主要投资市场，吸引了大量的国外资本，外汇储备从2001年的2 121.65亿美元上升至2009年的23 991.52亿美元，增长幅度超过了10倍。对比主要经济体美国，从20世纪80年代开始经常项目逆差逐渐扩大，据美国官方公布的数据，每年平均有1 000亿美元左右的贸易逆差。

中国经济一直处于高速发展的阶段，劳动生产率不断提高，经济实力逐渐增强，经济景气程度领先于其他国家。持续的双顺差和高速的外汇储备增长使我国经济增长迅速，经济增速明显高于其他的主要经济体。同时实体经济的高速增长带动股票市场和房地产市场快速增长，我国的资本市场和房地产市场的投资回报率明显高于其他主要经济体。2005—2007年，我国经济势头强劲，GDP的增长速度不断上升，分别达到了9.9%、10.7%、11.4%，而此时其他的经济体的情况为：美国的GDP增速为3.5%、3.4%、2.2%，欧元区GDP增速没超过3%，日本的GDP增速最高达到2.8%。受次贷危机影响，各主要经济体经济增速从2006年下半年开始逐渐回落，但中国的经济增长一直到2007年下半年才受到影响。

在2007年之后，中国经济率先强势反弹。随着中国经济新一轮高涨的出现，中国人民银行在2007年共6次加息，3—9月期间连续5次加息后，12月采用"不对称"调整，进一步提高了人民币中短期利率水平，存款利率上调了1.35个百分点；而受到次级贷款危机影响的美国则处于逐步减息的预期中，以缓解房地产市场疲软和房贷违约给经济带来的冲击。美联储分别于9、10月降低了联邦基金利率0.5和0.25个百分点，12月11日联邦基金利率再次下调，9月份以来累计降息幅度达1个百分点，中美利差随着两国经济的动态不一致而缩小。

中国和其他经济体，特别是美国的经济动态不一致造成了利率平价理论在中国的不适用。一方面，经济的强势增长造成我国经济实力的快速增加，人民币的国际购买能力必然大幅提高，人民币的升值成为一种必然的趋势，而另一方面，经济景气较好也应对应着较高的利率，因此，利差和汇差都可以套利，利率平价不可能成立。如果违背市场的供求关系，仅仅以中美利差为利率的制定原则，则必然导致市场的货币供应量的增加，过多的货币进入股票和房地产市场，造成资产价格的超速上涨。我国长期的低利率水平导致了国际收支持续"双顺差"的经济外部失衡，造成流动性泛滥，使得股市、楼市持续升温，资产价格膨胀，加之人民币的长期升值预期，如仍然保持较低的利率水平，反而会吸引跨境资本流入中国。国际资本的套利模式已经发生了改变，不仅仅是以利率差作为套利资金的盈利模式，而是转向资产价格套利。也就是说，中国与国际市场之间的资本流动不再是基于利差套利的目的，而是以更加复杂的资产价格套利为目标的投机行为。

4.4.5 套利模式改变

长期的低利率水平导致了国际收支持续"双顺差"的经济外部失衡，造成流动性泛滥，使得股市、楼市持续升温，资产价格膨胀，加之人民币的长期升值预期，如仍然保持较低的利率水平，反而会吸引国际热钱流入中国，此时，套利资金的盈利模式发生了变化，由利差套利向资产价格套利转变，中美利差已不再是吸引国际热钱流入的主要原因，真正吸引热钱流入的应该是资产价格膨胀所引发的资产价格套利，其中，利率的角色从投资收益转变为融资成本。值得注意的是，虽然由于种种原因传导机制并不通畅，但并不意味着中美利差不会对资产配置产生影响，这种传导路径仍将对资产配置行为和流动性产生影响。

5 基于巴萨效应的实证检验

　　根据上一章的分析可知，传统的利率平价理论在中国很难成立。我们认为从长期来看，中美经济发展不同步是利率平价长期失效的根本原因。这种不同步体现在：次贷危机之前，中国存在巨大的结构性贸易顺差，导致人民币存在巨大的升值压力，这种结构性顺差主要来源于中国贸易部门获得了处于二元经济初期的廉价劳动力优势，可贸易部门相对于不可贸易部门生产率大幅提高的同时工资并没有提高，反而是可贸易品价格的下降，从而使中国在全球贸易中获得了价格竞争优势；而在次贷危机之后，中国逐渐进入二元经济后期，廉价劳动力优势逐渐消失，可贸易部门的生产率提升缓慢甚至下降，贸易顺差的格局发生改变，叠加国内产能过剩、高杠杆等问题使得中国经济增长乏力，而同期美国经济开始逐渐复苏，导致人民币开始有较大的贬值压力。

　　从汇率决定的角度来看，一国相对于另一国的汇率长期来说取决于两国经济实力的对比，更进一步说取决于两国生产率的差异；而两国利率、资产价格等金融市场的差异则影响两国汇率的短期变动。自20世纪20年代利率平价被提出后，利率平价受到了西方经济学家的重视，利率平价理论作为金融市场上短期汇率决定的经典理论，其明确指出了汇率与利率之间的关系，各国货币当局在决定利率与汇率政策时也将其作为重要的参考依据。但该理论的适用性受到诸多条件的限制，比如，其仅考虑了金融市场上决定汇率的力量，忽略了商品市场上两国竞争力差异对汇率决定的重要影响，因此在两国经济发展同步的情形下，该理论的适用性较强，而在中美两国经济发展不同步的情况下，两国汇率长期来看处于动态变化的过程中，利率平价理论所揭示的汇率与利率的关系在这些国家长期并不存在，所以机械地遵循"利差原则"进行利率与汇率政策的协调必然在长期失效。

本部分的研究内容旨在论证由于中美两国经济发展不同步，导致中国相对美国的实际汇率存在长期变化趋势，因此才会导致遵循"利差原则"的利率与汇率政策协调在长期失效。关于两国经济发展不同步从而导致实际汇率变化的理论解释，巴萨效应对此有系统深入的分析，巴萨效应指出：两国可贸易部门与不可贸易部门的相对生产率差异，导致两国经济发展不同步，使得生产率提高较快的国家会经历实际汇率升值。因此，本部分将采取1999—2018年的中美季度数据实证检验巴萨效应在中国是否存在，并进一步根据中美两国生产率的差异指出中美两国实际汇率存在一个先升值后贬值的长期均衡变化路径，从而为利率平价理论在中美两国长期不成立的观点提供佐证。

5.1 文献综述

在对巴萨效应进行实证之前，先通过中美两国经济增长的对比数据来直观地说明遵循"利差原则"的利率与汇率政策协调在内外部均衡目标的实现上收效甚微。中美经济发展的不同步导致在"利差原则"下难以同时实现中国内外部均衡的双重目标。

从中美两国实际GDP同比增速的对比图来看，近20年来，中美两国经济增长在大部分时间里并不同步，尤其如图5-1中阴影部分所示，前两个阴影部分美国经济处于下行周期，而中国处于上升周期，后两个阴影部分美国经济开始复苏而中国经济开始逐步下行。总的来说，以

2008 年为界限，前期中国主要处于上升周期，而美国主要处于下降周期，2008 年之后则相反。

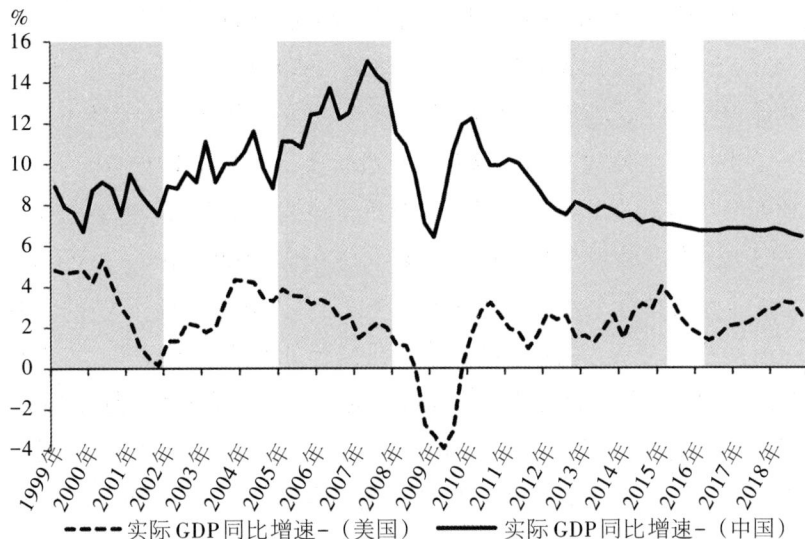

图 5-1　中美经济增长对比图

　　比如，在 21 世纪初，中国 GDP 增速逐年增加，中国处于上升周期，基于内部均衡的目标，货币政策应致力于紧缩货币，提高利率，抑制通货膨胀压力，防止经济过热；但 2000 年下半年美国经济增速出现下滑，美联储开始意识到经济有衰退的压力，从 2001 年开始不断下调联邦基金目标利率，推出降息政策。中美经济周期的不一致导致中国若为了抑制经济过热采取加息政策，则中美利差会不断收窄（此时中国利率低于美国利率），但彼时中国可贸易部门因吸纳大量农村剩余劳动力，在很低的工资水平上获得了生产率的大幅提高，使得中国贸易品以低价获得了竞争优势，贸易顺差不断扩大，人民币存在较大的升值压力。但按照中美利差原则，中美利差收窄又导致人民币的升值空间越来越小，因此央行为了防止人民币升值过快被迫买入外汇，积累了大量外汇储备，这又进一步造成货币的大量投放，与紧缩货币的政策目标相违背。而中国若为了实现外部均衡目标，让人民币升值压力充分释放，则在中美利差原则下人民银行应紧随美国的降息政策，为人民币升值提供足够空间，而降息政策却进一步增加了国内通胀压力，内部均衡难以实现。

类似的情况同样发生在次贷危机之后，但这一阶段中美经济实体发生了反向的变化。在次贷危机之后，美联储实施了几轮量化宽松政策，利率不断下降，而中国彼时经历了前期的高速扩张期，积累了大量的过剩产能，同时中国逐渐步入二元经济后期，农村剩余劳动力向城市的转移放缓甚至停止，廉价劳动力优势开始丧失，经济结构亟待转型升级，人民币也由升值阶段开始逐渐转为贬值阶段。尤其是 2013 年之后，从实现内部均衡来看，需要稳健偏紧的货币政策来支持经济结构的调整，但彼时美国在几轮量化宽松和扭曲操作后，利率不断下降，中美利差不断扩大（此时中国利率高于美国利率），在中美利差原则下，人民币的贬值空间逐渐增大，但这一阶段中国经济仍然保持着相对较高的增速，因此适度的贬值并不是坏事，反而较大的利差为人民币汇率恢复均衡水平提供了适度的空间。但进入 2016 年之后，情况发生了变化，中国经济下行压力不断增大，人民币贬值压力持续存在，但美国经济则逐渐复苏，美国退出量化宽松，开启了缩表与加息政策。但在利差原则下，中美经济发展阶段不一致又一次使得中国的政策陷入两难。一方面，基于内部均衡的目标，中国的货币政策应适度放松，降低利率，提振企业信心，扩大投资，促进经济增长。如此一来，中美两国利差不断收窄，导致人民币的贬值空间越来越小，因此央行为防止人民币过度贬值被迫使用大量外汇以维持人民币汇率的稳定，消耗了大量的外汇储备，从而造成货币的被动紧缩，利率难以降低，企业投资乏力，进一步恶化了经济状况。而中国若为了实现外部均衡目标，让人民币贬值压力充分释放，则很可能遭受投机资本的冲击，引发货币危机。

综上，无论中国经济处于前期的上行阶段，还是处于后期的下降阶段，中美经济发展的不同步导致在"利差原则"下实施的利率与汇率政策常常难以实现理想的目标。

5.2 巴萨效应实证分析的研究现状

学界已经对巴萨效应进行了大量的检验，本部分将对国内外关于巴萨效应的实证分析进行梳理，为进一步构建合适的模型检验中国的巴萨效应奠定基础。

5.2.1 国外研究

巴拉萨（1964）本人在提出巴拉萨–萨缪尔森效应的同时，就对该理论中的论断进行了实证分析。他利用 12 个国家在 1960 年的横截面数据来检验巴拉萨–萨缪尔森效应，得出的结论是那些较富裕的国家确实经历着实际汇率的升值。Hsieh（1982）对巴拉萨–萨缪尔森效应进行了时间序列分析，通过分析 1954—1976 年美国、日本和德国等发达国家的数据，发现生产力差异与实际汇率之间存在着巴拉萨–萨缪尔森效应，但由于当时的计量技术水平有限，所得到的结果并不被大家认可。随后，Froot，Summers 和 Heston（1991）利用横截面数据对巴拉萨–萨缪尔森效应进行了检验：他们将样本国分为两组，一组是富国，一组是穷国，研究发现，两组国家间的价格水平差异越大，巴拉萨–萨缪尔森效应越有说服力；但是在两组国家内部，收入和价格水平之间的相关性很低，换句话说，巴拉萨–萨缪尔森效应可能只适用于收入差别较大的国家，而不适用收入差别较小的国家。Chung-han（2000）利用人均收入作为生产力的衡量指标，对美国与英国的人均收入差异与季度汇率的关系进行实证分析，得出的结论是：巴拉萨–萨缪尔森效应有助于预测美、英两国的中期和长期实际汇率。

上述实证检验的结果为巴拉萨–萨缪尔森效应提供了支持的证据，同样，也有一些检验对巴拉萨–萨缪尔森效应提出了质疑。Froot 和 Rogoff 运用 OECD 中 22 个国家 1950—1989 年的数据对巴拉萨–萨缪尔森效应进行检验，从研究结果来看，无论采用何种样本，劳动生产率与实际汇率之间的相关关系都较低。Ito，Isard 和 Symansky（1997）利用 OPEC 国家的数据，检验是否因为可贸易和不可贸易部门的生产率增长存在差异，从而经济快速增长伴随着实际汇率升值。结果表明，日本、韩国、新加坡和中国台湾、中国香港的检验支持巴拉萨–萨缪尔森效应，这些国家和地区遵循类似的工业化模式，增加了高附加值出口的比重。但中国香港和新加坡虽然增长迅速，但它们的实际汇率仅小幅升值，可能是由于服务业生产率的快速增长。另外，对中国的检验与巴拉萨-萨缪尔森效应相反，经济增长伴随着实际汇率贬值，而不是升值，其他快速增长的东盟国家，如泰国、印尼和马来西亚，也都未经历真正的升值。根据上述的这几点检验结果，他们认为巴拉萨-萨缪尔森效应可能仅适用于那些处于特定发展阶段的经济体，即适用于资源匮乏、经济开放，经济增长是由工业结构和贸易结构的变化带来的经济体。即便那些经历快速增长的经济体，如果其增长来源于初期产品出口或是来源于计划经济体制，巴拉萨-萨缪尔森效应也是不适用的。

5.2.2 国内研究

中国的学者也从不同角度对巴拉萨-萨缪尔森效应进行了检验和研究。高海红（2003）对巴拉萨-萨缪尔森假说的实际汇率与经济增长之间的长期关系进行了检验，并采用1980—2000年七国集团的季度数据，运用Pesaran，Shin和Smith（1999）的边限检验方法对Faria和Leon-Ledesma（2000）的简化模型进行检验。结果发现：英国、日本、德国和加拿大的检验结果无法支持巴拉萨-萨缪尔森效应假说。丁剑平、刘健、于群（2003）将实际汇率的实证研究拓展到不可贸易部门，运用了误差修正模型来验证第三产业的工资变化与实际汇率之间存在着协整关系，从而验证了巴拉萨-萨缪尔森效应在中日实际汇率决定中是存在的。胡援成、曾超（2004）在估计人民币均衡实际汇率模型时引入人均GDP增长率等指标考察了巴拉萨-萨缪尔森效应的解释作用。

也有研究人员认为，我国劳动生产率虽然快速增长，然而二元经济结构下工资增长缓慢以及失业率较高等因素使实际汇率升值受阻，因而巴拉萨-萨缪尔森效应不适用于中国国情。李艳丽（2006）在汇率的弹性价格货币模型基础上，加入不可贸易品与可贸易品价格差异因素进行扩展。分析表明，弹性价格货币模型较好地解释了影响人民币对美元汇率的各个因素。可贸易品和不可贸易品的价差显著地影响着货币模型的购买力平价和名义汇率的偏离，但是巴拉萨-萨缪尔森效应并不存在。卢峰（2007）对改革开放以来我国可贸易与不可贸易部门劳动生产率各自增长、相对增长、国际比较增长等指标进行系统估测，发现上述结构性生产率指标与人民币实际汇率之间的关系存在与巴拉萨-萨缪尔森效应假说推论一致的经验证据。唐旭和钱士春（2007）利用1994—2006年中国和美国的统计数据进行实证分析，认为中国两部门相对劳动生产率一直在上升，而其相对价格却在下降，两部门相对劳动生产率对相对价格影响显著，符合哈罗德-巴拉萨-萨缪尔森效应理论所描述的特征。徐建炜和杨盼盼（2007）对1997—2011年的人民币实际汇率的研究表明，使用计量回归控制可贸易品偏离一价定律后，巴萨效应在中国显著成立。王维国（2008）用一国出口商品中工业制成品所占比例来反映出口商品生产效率差异，若一国出口商品工业制成品所占比例提高，则该国可贸易品部门生产率水平得到提高，从而用该指标来反映两部门生产效率差异，用状态空间模型实证其与实际汇率的关系。赵颖岚和倪克勤（2011）利用1978—2007年的数据分析了人民币对美元实际汇率和中美两部门生产率之间的关系，结果表明巴萨效应能够解释中国实际汇率走势变化情况。王凯和庞震（2012）采用1978—2010年的时间序列数据对巴萨效应进行了实证检验，也发现巴萨效应在中国显著成立。张明（2012）分析了人民币对美元汇率显著升值的历史进程，发现巴萨效应可解释人民币汇率升值的长期动力机制。

5.2.3　简要评述

总的来讲，由于所采用的指标和时间跨度的差异，导致实证研究结果并不统一。对于不支持巴拉萨-萨缪尔森效应的实证结果，不少学者都分析了其原因。综合来看，我国劳动生产率虽然快速增长，然而二元经济结构下剩余劳动力的存在、工资增长缓慢以及失业率较高等因素使实际汇率升值受阻，因而巴拉萨-萨缪尔森效应不适用于中国情况。有学者针对中国的二元经济结构特征，对巴萨效应进行修正，再进一步验证生产率与实际汇率之间的关系。比如，王泽填和姚洋（2009）通过构建一个三部门静态模型说明发展中经济体在结构转型中如何削弱巴拉萨-萨缪尔森效应，其认为主要原因是结构转型抑制了工资水平和不可贸易品价格随可贸易品部门生产率提高而上涨的幅度，从而削弱了巴拉萨-萨缪尔森效应,并运用跨国面板数据较为系统地验证了上述观点。王雪珂、姚洋(2013)基于"两国相对生产率"指标,运用跨国数据验证了以剩余劳动力转移为特征的结构转型对巴拉萨-萨缪尔森效应的抑制作用,解释发展中国家实际汇率普遍被"低估"的合理性。其认为发展中国家通常经历着结构转型,表现为农村存在大量剩余劳动力,随着可贸易部门生产率的提高,劳动力从农村部门向工业部门转移,从而抑制了工业部门乃至整体工资水平和不可贸易品的相对价格,最终抑制实际汇率的升值。另外,谢长、常坤(2016)基于修正的巴拉萨-萨缪尔森效应理论,以欧盟OECD为参照系,构建了一种测度不发达地区购买力平价偏差的方法。结果表明:亚太、非洲及西亚地区的购买力平价被系统性低估约30%,从而导致以购买力平价为货币转换因子计算得出的这些地区和国家的经济总量被严重高估。陈仪、张鹏飞、刘冲(2018)通过引入农村劳动力的异质性转移成本,构建了一个两部门开放小国一般均衡模型,揭示了二元经济环境下部门偏向型技术进步影响实际汇率及部门工资差距等内生变量的作用机制,并使用跨国面板数据对模型的部分可检验假说进行了检验,结果显示该模型拟合中国数据的能力也优于经典巴拉萨-萨缪尔森模型。

综上,在基本的巴萨效应模型中纳入体现二元经济特征的变量能有效增强巴萨效应在中国的解释能力,这为本书的模型构建提供了很好的参考。下面将进一步构建合适的模型,以对中国近20年来是否存在巴萨效应进行实证分析。

5.3 巴萨效应在中国的实证分析

5.3.1 模型的建立

本部分选取1999—2018年的中美两国的季度数据,通过构建合适的模型检验中国的巴拉萨-萨缪尔森效应是否存在,为进一步测算均衡汇率奠定基础。根据巴拉萨-萨缪尔森效应的表述,若中国可贸易部门劳动生产率相对于不可贸易部门的相对增长快于美国可贸易部门劳动生产率相对于不可贸易部门的相对增长，即卢锋、刘鎏（2007）所谓的中国可贸易部门劳动生产率的"相对相对增长"，则实际汇率下降，本币升值，这里的"相对相对增长"包括两层含义：一是中国可贸易部门劳动生产率相对于不可贸易部门高速增长；二是这一相对增长与美国同一指标比较的相对增长。反之，若中国可贸易部门劳动生产率相对于不可贸易部门的相对增长慢于美国可贸易部门劳动生产率相对于不可贸易部门的相对增长，即中国可贸易部门劳动生产率的"相对相对减少"，则实际汇率上升，本币贬值。"相对相对劳动生产率"（rrprod）为中国相对劳动生产率–美国相对劳动生产率（即 rrprod $=$ rp$_{CHINA}$ – rp$_{USA}$），其中，美国相对劳动生产率 rp$_{USA}$ 和中国相对劳动生产率 rp$_{CHINA}$ 分别为：

$$rp_{USA} = \ln\left(\frac{Y_T^*}{L_T^*}\right) - \ln\left(\frac{Y_N^*}{L_N^*}\right)$$

$$rp_{CHINA} = \ln\left(\frac{Y_T}{L_T}\right) - \ln\left(\frac{Y_N}{L_N}\right)$$

其中，美国相对劳动生产率 rp$_{USA}$ 表示为美国可贸易部门和不可贸易部门相对劳动生产率的自然对数值；中国相对劳动生产率 rp$_{CHINA}$ 表示为中国可贸易部门和不可贸易部门相对劳动生产率的自然对数值。

得到如下巴萨效应的基准模型一：

$$\ln rer = \beta_0 + \beta_1 rrprod + \epsilon$$

其中，ln rer 表示为中国两国实际汇率的对数。同时，实际汇率不仅仅由两国劳动生产率的相对变化决定，还存在其他因素影响实际汇率，比如一国政府比较偏好消费不可贸易品，因此政府支出的改变也会影响实际汇率（Rogoff，1992；Coricelli，Jazbec，2004）。另外，贸易条件的提升也会从两方面影响实际汇率：一方面是收入效应，它会促使私人部门更多地消费不可贸易品，从而提升不可贸易品的相对价格和实际汇率；另一方面是替代效应，贸易条件改善会使进口品相对便宜，可降低对不可贸易品的需求，从而实际汇率贬值（王雪珂、姚洋，2013）。因此，进一步完善基准模型，增强模型的解释能力，在综合考虑上述因素对实际汇率的影响基础上，进一步构建了模型二。基准模型主要是考虑了生产率的相对变化对实际汇率的影响，模型二则考虑了影响实际汇率的其他基本面因素，包括货币政策、贸易政策和国际环境变化对实际汇率的影响。

（1）贸易条件（tot）

贸易条件作为国际经济环境的衡量指标，是国际宏观经济冲击传导的一个重要机制。贸易条件对实际有效汇率的影响，主要是通过需求效应改变不可贸易品价格。贸易条件对实际汇率的影响有两个途径：一是收入效应，即贸易条件的恶化会导致实际收入下降，进而降低不可贸易品价格，从而实际汇率贬值；二是替代效应，贸易条件恶化会使进口品相对昂贵，从而提升对不可贸易品的需求，会带来实际汇率升值。因此，贸易条件的变化对实际汇率的影响需要综合考虑这两个效应。

（2）对外净资产（nfa）

对外净资产也作为国际经济环境的指标，是影响汇率的重要因素，对外净资产的比重越高，一个国家就越富裕，国内需求的提高通常更多消费在不可贸易品上，表现为不可贸易品价格相对提高和实际汇率升值。

（3）政府支出（gov）

政府支出作为财政政策的衡量指标，政府支出的改变会导致可贸易品和不可贸易品需求结构的变化，从而影响实际汇率。通常来讲，政府支出偏好不可贸易品，随着政府支出的增加，由于不可贸易品的价格主要由国内供求决定，因此会引起该国不可贸易品价格的上升。在可贸易品价格由国际市场决定的情况下，不可贸易品价格的上升引起了国内总价格水平的上升，从而导致均衡实际汇率的升值。但值得注意的是，政府支出的增长通常也会带来巨额财政赤字，会加剧市场对政府财政政策可持续性的怀疑，给经济带来不稳定，因此政府支出的增长也可能导致实际汇率贬值。

（4）对外开放（open）

对外开放作为贸易政策的衡量指标，其也是影响实际汇率的一个重要因素。改革开放后，特别是加入 WTO 后，中国对国际贸易体系的更深层次融入，必然给人民币实际汇率带来巨大冲击。当一国对外贸易不够开放时，政策上常见的是对进口品征收关税或进口配额，这将导致进口品的价格偏高从而提高不可贸易品的相对需求和价格，实际汇率会随之升值。

因此，模型二设定为如下形式：

$$\ln rer = \beta_0 + \beta_1 rrprod + \beta_2 tot + \beta_3 nfa + \beta_4 gov + \beta_5 open + \epsilon$$

模型二考虑了影响实际汇率的基本经济因素，但以往对巴拉萨-萨缪尔森效应局限性的研究表明，生产率的相对变化并不一定必然导致实际汇率升值，从而即便在计量模型中控制了相对生产率以外的其他基本因素，相对生产率与实际汇率间也不一定存在巴萨效应所阐述的关系。究其主要原因在于传统的巴拉萨-萨缪尔森效应假说的假设前提过于严格，比如：劳动力在国内跨部门自由流动；充分就业、要素市场和商品市场完全竞争等。假设条件的违背导致生产率与实际汇率之间的传导并不畅通。中国作为一个典型的二元经济体，正处于结构转型期，经济结构的变化使得传统的巴萨效应所阐述的传导渠道并不畅通。实际上，王泽填和姚洋（2009）对经济结构与巴萨效应的关系进行了研究，说明了发展中国家在结构转型中如何削弱巴萨效应的作用，根据他们的理论模型，农村人口的比重代表一个经济体结构转型的阶段，农村人口比重较高时，经济处于转型的初级阶段，若一国可贸易部门生产率提高，大量农村剩余劳动力的进入会抑制工资的增长，巴萨效应相应就较弱，而随着农村剩余劳动力不断向可贸易部门转移，农村人口比重则会不断下降，经济从转型初期向后期转移，尤其当农村剩余劳动力的转移停止时，一国可贸易部门生产率提高则会导致工资的大幅上涨，巴萨效应则相应较强。因此，本部分将借鉴王雪珂、姚洋（2013）的做法，将农村人口比重与两国相对生产率的交叉项纳入模型三，进一步考察中国的结构转型对巴萨效应的发挥有何影响，以增强巴萨效应在中国的解释能力。

模型三设定为：

$$\ln rer = \beta_0 + \beta_1 rrprod + \beta_2 tot + \beta_3 nfa + \beta_4 gov + \beta_5 open + \beta_6 (rural*rrprod) + \epsilon$$

5.3.2 数据来源与说明

中国 GDP 与 CPI、一般公共预算支出、进出口总额、经常项目差
额、就业人数、美元对人民币平均汇率、农村人口比重等来源于中经
网、国家统计局、中国人民银行及 wind 数据库，美国 GDP 以及 CPI 等
来源于美国劳工部和美国经济分析局。

模型中变量一览表见表 5-1。

表 5-1 模型中变量一览表

变量	指标名称	指标说明
lnrer	实际汇率	Ln（平均名义汇率*美国 CPI/中国 CPI）
rrprod	相对相对劳动生产率	中国贸易部门相对劳动生产率-美国贸易部门相对劳动生产率
open	对外开放度	进出口总额/GDP
nfa	净对外资产	经常账户/GDP
rural	农村人口比重	农村人口比重
gov	政府支出	一般公共预算支出/GDP

具体而言，实际汇率（lnrer）由人民币对美元名义汇率经中美 CPI
处理得到，然后再取对数值；对外开放度（open）为中国进出口总额与
GDP 的比值；净对外资产（nfa）表示为经常项目差额与 GDP 的比值；
政府支出（gov）表示为一般公共预算支出与 GDP 的比值。所有产出数
据都经过了季度调整。

5.3.3 实证结果分析

需要注意的是，当对时间序列数据进行 OLS 回归时，很容易产生残
差的序列相关问题，残差的序列相关使得参数估计值不再有效，同时会
导致估计系数的标准差偏低，通过对模型三进行 OLS 回归，BG 检验结
果表明，在 1% 显著性水平上拒绝无自相关的原假设，因此需要对模型
进行修正。通常的方法是在原回归方程中加入因变量的滞后项对序列相
关进行控制。我们在加入因变量的滞后项后，通过检验表明修正后的模
型不存在自相关，并采用稳健标准误控制了异方差的影响。这三个方程

的回归结果见表5-2。

表5-2 　　　　　　　　 巴萨效应的估计结果

VARIABLES	（1）	（2）	（3）
	lnrer	lnrer	lnrer
rrprod	−0.0526***	−0.0237	−0.318**
	（0.0141）	（0.0170）	（0.133）
tot		0.166***	0.123**
		（0.0618）	（0.0594）
open		−0.0462	0.0296
		（0.0549）	（0.0682）
gov		0.0988	0.665**
		（0.278）	（0.319）
rural*rrprod			0.491**
			（0.217）
nfa		−0.327**	−0.281*
		（0.154）	（0.153）
Constant	0.105***	0.0197	0.0829
	（0.0392）	（0.164）	（0.172）
Observations	79	79	79
R-squared	0.952	0.965	0.969

注：***、**、*分别代表在1%、5%、10%显著水平下显著。

根据实证结果，模型一的估计结果显示，"相对相对生产率"（rrprod）的系数显著为负，但参数估计值绝对值较小，生产率对实际汇率的影响较弱；在纳入对外开放、政府支出等基本因素变量后，模型二的调整后 R^2 有所提高，说明模型二的拟合效果更好，但rrprod的估计系

数不显著；模型三考虑了经济结构变量，即将农村人口比重（rural）与
"相对相对生产率"（rrprod）的交乘项纳入模型，估计结果显示，
（rural*rrprod）的估计系数显著为正，说明结构转型的确削弱了巴萨效
应的作用，因此在控制了结构转型的影响后，rrprod的估计系数显著为
负，且作用强度明显增加（从0.053变为0.318）。上述结果说明模型三
的构建相对较为合理，证明了巴拉萨-萨缪尔森效应在中国是显著成立
的。这意味着若中美两国相对劳动生产率之差扩大，比如中国可贸易部
门的劳动生产率相对于不可贸易部门快速增长，会带来人民币实际汇率
的升值；中美两国相对劳动生产率之差下降，会带来人民币实际汇率的
贬值。

5.4　人民币汇率合理均衡水平的判定

从实证分析可以看出，中国是符合巴拉萨-萨缪尔森效应所描述
的现象的。当一个国家的可贸易部门生产率比不可贸易部门的生产率
上升的幅度大于另一个国家的上升幅度，这个国家的实际汇率将下
降。而实际汇率产生偏差的重要原因是可贸易部门劳动生产率和不可
贸易部门劳动生产率之间存在着差异。简而言之，当中国相对劳动生
产率相对于美国上升时，人民币实际汇率下降，即人民币对美元升
值；反之，如果中国相对劳动生产率相对于美国下降，则人民币实际
汇率上升，即人民币对美元贬值。图5-2展示了中美两国相对生产率
与实际汇率的趋势，可以大致看出，中美相对劳动生产率之差处于一
个先上升后下降的趋势，而实际汇率处于一个先逐渐升值后逐渐贬值
的过程，进一步分析能得出每个阶段的两国相对生产率与实际汇率的
详细情况。

从1999年开始，中美两国相对劳动生产率之差一直处于上升的趋
势，到2004年达到一个顶峰，这主要是因为从20世纪90年代开始，中
国农村大量的剩余劳动力开始向城市转移，农业部门的过剩劳动力得以
解脱出来转而进入工业部门，劳动力转移导致工业部门劳动生产率的大
幅提升，而农业部门劳动生产率提高非常缓慢，从而导致这一阶段中国

工业相对于农业的劳动生产率提升非常快，根据我们的测算，中国工业
部门的季度劳均产出从1999年的0.6万元上升到2004年的1.16万元，上
升了将近一倍，而同期农业部门的季度劳均产出从1999年的0.1万元上
升到2004年的0.15万元。根据巴萨效应，当中美相对劳动生产率之差
扩大时，中国的实际汇率应该升值，但观察1999—2004年的实际汇率
走势，这一阶段的人民币实际汇率升值幅度并不大，这主要是因为在
2005年人民币汇率形成机制改革之前，人民币汇率实际上是钉住美元
的，因此尽管人民币相对美元有升值压力，但在中央银行的调控下人民
币汇率升值未能实现。

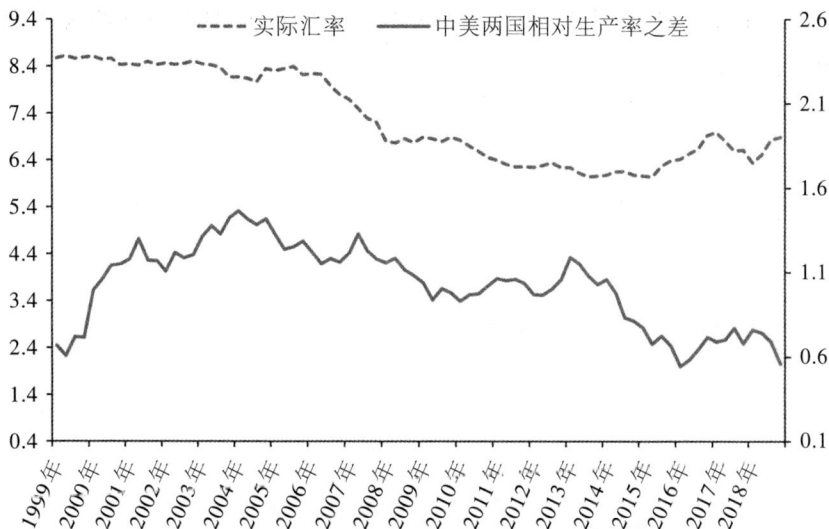

图5-2　中美两国相对生产率之差与实际汇率

在2005—2013年间，中美两国相对劳动生产率之差处于缓慢下跌
的状态，但波幅不大；同期人民币实际汇率在2005—2008年间大幅升
值，这主要是由于2005年进行了人民币汇率形成机制改革，人民币汇
率开始对2005年之前未实现的升值压力进行充分释放，这一阶段人民
币实际汇率逐渐向均衡汇率靠近，在之后的2008—2013年之间人民币
升值幅度又逐渐变小。

在2013—2016年间，中美两国相对劳动生产率之差开始大幅下跌，
这主要是因为中国逐渐迎来了"刘易斯拐点"，农村剩余劳动力转移几

乎消失殆尽，工业部门劳动生产率提高速度放缓甚至出现下降的趋势，从而导致这一阶段中国工业相对于农业的劳动生产率开始不断下滑；同期人民币实际汇率也开始逐渐贬值。2017—2018 年间，中美两国相对劳动生产率之差以及实际汇率处于上下波动的状态，看不出明显的单边趋势。

　　本部分通过纳入结构转型的指标，验证了结构转型尽管在一定程度上削弱了巴萨效应，但也证实了巴萨效应在中国的确存在。从长期来看，近 20 年来，由于中美两国"相对生产率"存在一个先增加后减少的过程，因此人民币均衡汇率相应存在一个先升值后贬值的变化过程，从而为利率平价理论在中美两国长期不成立的观点提供了佐证。

6 利率平价理论模型的修正与拓展

基于"中美利差原则"失效与传统利率平价理论在我国不适用的原因分析，要使利率平价理论在我国更好地发挥作用，就要对利率平价模型进行拓展和修正，加入对资产价格套利视角的研究，以使其更好地适用于我国的宏观经济现状，从而为货币当局相关政策的制定提供有价值的参考依据。在考虑跨境资本进行资产价格套利的情况下，本部分提出利率平价理论模型的修正以及资产收益率修正模型分析。

在传统的利率平价理论中，各国的资本市场并不完善，跨境资本的流动是基于国家之间的利差，各国的资本倾向于从存款利率低的一国向存款利率高的一国流动，资本的跨国流动以追求利差为主要目标。随着国家涉入国民经济的程度逐渐加深，各国开始大量发行国债，国债市场不断完善，存款利率对国际资本的吸引逐渐减弱，在此阶段，国际资本流动以国债收益率差作为目标，国债收益率低的国家的资本不断向国债收益率高的国家流动。国债和存款都可以看作是金融产品，存款是特殊的金融产品，一般情况下存款的本金不会损失（除非银行破产），存款的收益是利息，不存在资本利得或损失，而其他的金融产品存在着一定的资本利得或损失。现阶段的股票和房地产都是投资品，与传统的利差套利相比，现在的国际游资套利的范围更广，所考虑的因素也更多，从原先的以存款利率差为目标过渡到以国债收益率差为目标，直到现阶段以多种资产收益率为目标，原先的利率平价理论在指导现在的跨境资本流动中已经缺乏现实意义。

从"中美利差原则"的实践中可以看出，在我国长期保持低利率水平的情况下，按照传统的利差套利原则，国际游资应转向国外市场以追逐高利率带来的利差收益，然而，过热的股市和楼市中资产价格上涨带来的高收益率却吸引了更多的国际游资流入我国，使得货币当局的货币政策效果大打折扣，最后不得不放弃基于利率平价理论的"中美利差原则"。在此过程中，我们发现，在跨境资本套利模式发生转变——利差套利转向资产价格套利的同时，套利资产成了银行存款的替代品，由于国际游资具有逐利性，它总是趋向于具有较高收益率的标的，但是考虑到流动性和风险等因素，套利资产对银行存款等其他标的的替代并不是完全的，根据马科维茨的资产组合理论，国际游资将不会全部流入股市与楼市，即"不会把鸡蛋放在一个篮子里"，因此，在对利率平价模型进行修正时，采用加权方式即引入加权资产收益率将更加合理。

6.1 无出入成本的加权资产收益率理论的建立

在各国资本市场和房地产市场不断完善的条件下，国际游资不以套利和套汇为主要目的，而是选择多样化的资产进行投资，跨境资本兑换成一国货币并持有多种金融资产。现综合考虑以上因素，基于利率平价理论，提出加权资产收益率模型作为对利率平价理论的修正模型。

加权资产收益率模型是指投资者将投资资金投向高利货币以期获得更高收益，同时由于在远期存在将国外货币兑换成国内货币的情况，为了使跨国投资资金的流动趋于平衡，必须在远期有一个预期的汇率损失，从而使流动资金在两国的投资收益相等，避免跨境资本的流动。

加权资产收益率模型认为远期的汇率变动率等于两国的加权资产收益之差。如果本国的资产收益高于国外的资产收益，远期汇率应该贬值；如果本国的资产收益低于国外的资产收益，远期汇率应该升值。不满足模型的均衡条件会导致跨境资本的不断流动，特别是在利率和汇率管制的国家，由于制度的缺陷，利率和汇率之间的关系无法满足加权资产收益率模型平衡的要求，从而导致国际游资不间断地单方向流动。

首先考虑不存在出入成本的加权资产收益率模型。

加权资产收益率平价理论的假设是：第一，两国之间不存在任何的限制和交易成本。第二，资本主要投资于资本市场，资本市场的运作和一国的经济周期波动有关，资本流动的时限应遵循经济周期的波动。第三，投资者全部是风险中性的投资人，不采取套期保值的策略。第四，投资者将资本按照一定的比例以股票、房地产、货币资本的形式持有。

一国的资产组成主要有存款、股票、房地产、债券和其他形式的资产，设一段时期中，本国利率水平为 i_d，本国的股票收益率为 dr_e，本国房地产市场的收益率为 dr_r，本国债券收益率为 dr_b，其他资产的收益率为 dr_s；外国利率水平为 i_f，外国股票市场的收益率为 fr_e，外国房地产市场的收益率为 fr_r，外国债券收益率为 fr_b，其他资产的收益率为 fr_s。直接标价法下的即期汇率为 e，直接标价法下期望的远期汇率为 Ef。α_1 为投资于国内存款的比例，α_2 为投资于国内股票市场的比例，α_3 为投资于国内房地产市场的比例，α_4 为投资于国内债券市场的比例，α_5 为投资于国内其他资产的比例，$\alpha_1+\alpha_2+\alpha_3+\alpha_4+\alpha_5=1$；$\beta_1$ 为投资于国外存款的比例，β_2 为投资于国外股票市场的比例，β_3 为投资于国外房地产市场的比例，β_4 为投资于国外债券市场的比例，β_5 是投资于国外其他资产的比例，$\beta_1+\beta_2+\beta_3+\beta_4+\beta_5=1$。

如果我们想把一笔钱投入一国市场，我们有两种选择：一是投资于本国市场；二是投资于外国市场。我们在选择的时候，若其他条件不变，肯定是要考虑投入哪个国家市场的收益率更高。跨境资本并不会将资本只以一种形式持有，而是会在综合考虑收益和风险的情况下，按照一定的比例投资于各项资产，故资本衡量收益的标准应该是两国资产收益率的加权平均值。

本国的加权资产收益率为：

$$w_d = \alpha_1 \times i_d + \alpha_2 \times dr_e + \alpha_3 \times dr_r + \alpha_4 \times dr_b + \alpha_5 \times dr_s$$

外国的加权资产收益率为：

$$w_f = \beta_1 \times i_f + \beta_2 \times fr_e + \beta_3 \times fr_r + \beta_4 \times fr_b + \beta_5 \times fr_s$$

如果我们将 1 元钱投入我国的市场，则在一定时期内在我国的收益为：

$$1 + (1 \times w_d) = 1 + w_d$$

纯粹的套利者总是通过远期外汇市场进行抵补来规避汇率风险，而投机者自愿承担并利用未来汇率变动的风险来获取利益，其是否获利取决于对未来即期汇率的预期。首先，对 1 单位的本国货币，在外汇市场上兑换成 1/e 单位的外国货币。将这 1/e 的外国货币进行投资，一段时间的投资后获得的收益为：

$$\frac{1}{e} + \frac{1}{e} \times w_f = \frac{1}{e}(1 + w_f)$$

假设国际游资的持有者对远期汇率存在一个预期的值，这个数值与市场的远期汇率可能有所不同，故当投资期满之后离开一国时可兑换的本国的货币数为：

$$\frac{1}{e}(1 + w_f) \times Ef = \frac{Ef}{e}(1 + w_f)$$

如果 $1 + w_d > \frac{Ef}{e}(1 + w_f)$，则投机者将倾向于投资于本国市场；如果 $1 + w_d < \frac{Ef}{e}(1 + w_f)$，投机者将倾向于投资于外国市场。假定资本可以完全自由流动，且套利交易的成本为零，显然，只有当这两个市场的收益完全相同时，市场才会处于均衡状态，所以，当投机者采取预期汇率的方式时，市场最终是加权资产收益率与汇率之间形成以下关系，即由一价定律，两者的收益应该相等。如果这一收入与投入本国市场的收入存在差异，则投资者会在市场上进行相应的操作以使两者达到相等，市场最终处于平衡状态。

$$1 + w_d = \frac{Ef}{e}(1 + w_f)，即 \frac{Ef}{e} = \frac{1 + w_d}{1 + w_f}$$

等式两边同时减去 1 可得：

$$\frac{Ef - e}{e} = \frac{w_d - w_f}{1 + w_f}$$

如果即期汇率与期望远期汇率之间存在 $\rho = \dfrac{Ef - e}{e}$，则代入上式可得：

$\rho = \dfrac{w_d - w_f}{1 + w_f}$，即 $\rho + \rho \times w_f = w_d - w_f$

由于 $\rho \times w_f$ 是两阶小量，故忽略不计，可以得到：

$\rho = w_d - w_f$

预期的远期汇率的表达式为：

$Ef = \dfrac{e \times (w_d - w_f)}{1 + w_f} + e$

此公式的含义为当国内资产收益、国外资产收益和即期汇率已知的情况下，国内资产价格的收益率高于国外资产价格的收益率时，只有当对一个国家的货币预期贬值，且贬值预期达到 $\dfrac{e \times (w_d - w_f)}{1 + w_f}$ 时，才能保证国际游资流动保持平衡。

国内资产价格的表达式为：

$w_d = \dfrac{(1 + w_f)(Ef - e)}{e} + w_f$

此公式的含义为选择国内资产收益率达到 $\dfrac{(1 + w_f)(Ef - e)}{e} + w_f$ 时，国内市场不存在投机空间，从而达到阻止国际游资进入的目的。

从我国实际情况考虑，国际上普遍认为我国的货币被低估，在长期存在很大的升值空间，而且我国房地产市场和股票市场的收益率超过美国等发达国家的收益率。根据模型的显示，只要以上因素一直存在，国际游资就会源源不断地流入我国的资本市场和房地产市场，以利率差为衡量标准的方式在我国是行不通的。

6.2 加入资本管制和成本后的模型

在不考虑资本管制和成本的情况下，依据以上的均衡公式，我国的汇率市场必不存在长期的均衡，由于存在汇率和资本市场的双重套利条件，跨境资本会源源不断地涌入我国的资本市场，造成我国资产价格不断上涨，货币的流动性泛滥。

现放松对原来的模型的假设，考虑贴近现实的情况，在资本项目下我国存在着跨境资本的流动管制，跨境资本的流动有交易的成本，故在其他的条件不变的情况下，在原来的模型中取消无进出成本的假设。

交易成本的存在，导致由资产价格平价理论决定的远期汇率存在着一个波动区间。在该区间内，任何额外的投机活动都不可能获利。这样如果预期的即期汇率的波动幅度不超过该区间的上下限，就不会有国际游资进入的发生，只有当资产价格平价的偏离程度超过投机的交易成本，投机活动才可能发生。如果我们假定交易成本是交易价值的一部分，这时就能得到远期期望汇率变动百分比的上限和下限。

假定一笔投资于国外资本市场的投机资本从本国市场流向外国市场，资本量为 k，资本的使用成本为 w_d，则持有这笔本国有价证券的未来收益为：

$$C = k(1 + w_d)$$

这笔资本在外国的投资收益为：

$$R = k\theta(k)(1 + w_f) \times \frac{Ef}{e}$$

其中，$\theta(k) = (1 - t)(1 - t_s)(1 - t^*)(1 - t_f)f(k)$，表示交易成本，$t$ 和 t^* 分别表示本国和外国有价证券的交易成本占总资本的百分比，t_s 和 t_f 分别表示即期和远期外汇交易的成本占总资本的百分比。由于现实情况是小额的国际游资容易进入，而数额越大的国际游资进入的成本会越高，边际成本递增，故成本是国际游资的增函数，$\theta(k)$ 是国际游资的减函数，$\frac{d\theta}{dk} < 0$，$0 < \theta(k) + k \times \frac{d\theta}{dk} < 1$。

资本外流的边际成本为：

$$\frac{\partial C}{\partial K} = 1 + w_d$$

国外投资的边际收益为：

$$\frac{\partial R}{\partial K} = \theta(k)(1 + w_f)\frac{Ef}{e} + k \times \frac{d\theta}{dk}(1 + w_f) \times \frac{Ef}{e}$$

$$= [\theta(k) + k \times \frac{d\theta}{dk}](1 + w_f)\frac{Ef}{e}$$

在均衡条件下，边际成本等于边际收益，即

$$\frac{\partial C}{\partial K} = \frac{\partial R}{\partial K}$$

$$1 + w_d = [\theta(k) + k \times \frac{d\theta}{dk}](1 + w_f)\frac{Ef}{e}$$

改写为：

$$\frac{Ef}{e} = \frac{1 + w_d}{[\theta(k) + k \times \frac{d\theta}{dk}](1 + w_f)}$$

令预期即期汇率变动百分比的下限为 ρ_1，则根据上式可得：

$$\rho_1 = \frac{Ef - e}{e} = \frac{(1 + w_d) - [\theta(k) + k \times \frac{d\theta}{dk}](1 + w_f)}{[\theta(k) + k \times \frac{d\theta}{dk}](1 + w_f)}$$

$$Ef_1 = \frac{(1 + w_d) - [\theta(k) + k \times \frac{d\theta}{dk}](1 + w_f)}{[\theta(k) + k \times \frac{d\theta}{dk}](1 + w_f)} \times e + e$$

当 $\frac{\partial C}{\partial K} < \frac{\partial R}{\partial K}$ 时：

$$1 + w_d < [\theta(k) + k \times \frac{d\theta}{dk}](1 + w_f)\frac{Ef}{e}, \quad 即 \rho > \rho_1, \ Ef > Ef_1$$

每一单位的资本在国内市场所获得的收益小于在国外市场所获得的收益，则国内资本会不断涌出进入到国外市场，资本呈现逐渐流出的情况，跨境资本流向国际市场。

当 $\frac{\partial C}{\partial K} > \frac{\partial R}{\partial K}$ 时：

$$1 + w_d > [\theta(k) + k \times \frac{d\theta}{dk}](1 + w_f)\frac{Ef}{e}, \quad 即 \rho < \rho_1, \ Ef < Ef_1$$

每一单位的资本在国内市场所获得的收益大于在国外市场所获得的收益，资本更愿意投资在本国市场内，且不会以任何形式进入国际市场。

考虑到国际游资由国内市场转移向国际市场的情况，再分析从国际市场向国内市场流动的情况。假定一笔抛补的套利资本从国际市场流向本国市场，资本量为 k，资本的使用成本为 w_d，则持有这笔外国资产组合的远期收益为：

$$C + k(1 + w_f)$$

这笔资本在本国的投资收益为：

$$R = k\theta(k)(1 + w_d) \times \frac{e}{Ef}$$

资本流入的边际成本为：

$$\frac{\partial C}{\partial K} = 1 + w_f$$

国内投资的边际收益为：

$$\frac{\partial R}{\partial K} = \theta(k)(1 + w_d) \frac{e}{Ef} + k \times \frac{d\theta}{dk}(1 + w_d) \frac{e}{Ef}$$

$$= [\theta(k) + k \times \frac{d\theta}{dk}](1 + w_d) \frac{e}{Ef}$$

在均衡条件下，边际成本等于边际收益，即

$$\frac{\partial C}{\partial K} = \frac{\partial R}{\partial K}$$

$$1 + w_f = [\theta(k) + k \times \frac{d\theta}{dk}](1 + w_d) \frac{e}{Ef}$$

改写为：

$$\frac{Ef}{e} = \frac{[\theta(k) + k \times \frac{d\theta}{dk}](1 + w_d)}{1 + w_f}$$

令远期期望汇率变动百分比的上限为 ρ_2，则根据上式可得：

$$\rho_2 = \frac{Ef - e}{e} = \frac{[\theta(k) + k \times \frac{d\theta}{dk}](1 + w_d) - (1 + w_f)}{1 + w_f}$$

$$Ef_2 = \frac{[\theta(k) + k \times \frac{d\theta}{dk}](1 + w_d) - (1 + w_f)}{1 + w_f} \times e + e$$

当 $\frac{\partial C}{\partial K} < \frac{\partial R}{\partial K}$ 时：

$$1 + w_f < [\theta(k) + k \times \frac{d\theta}{dk}](1 + w_d) \frac{e}{Ef}, \quad 即 \rho < \rho_2, \ Ef < Ef_2$$

每一单位的资本在国内市场所获得的收益大于在国外市场所获得的收益，则跨境资本会不断进入到国内市场，跨境资本呈现不断涌入的态势。

当 $\frac{\partial C}{\partial K} > \frac{\partial R}{\partial K}$ 时：

$$1 + w_f > [\theta(k) + k \times \frac{d\theta}{dk}](1 + w_d) \frac{e}{Ef}, \quad 即 \rho > \rho_2, \ Ef > Ef_2$$

每一单位的资本在国内市场所获得的收益大于在国外市场所获得的收益，资本更愿意投资于本国市场，且不会以任何形式进入国际市场。

证明 ρ_1 必大于 ρ_2：

$$\rho_1 - \rho_2 = \frac{(1+w_d)-[\theta(k)+k\times\frac{d\theta}{dk}](1+w_f)}{[\theta(k)+k\times\frac{d\theta}{dk}](1+w_f)} - \frac{[\theta(k)+k\times\frac{d\theta}{dk}](1+w_d)-(1+w_f)}{1+w_f}$$

$$= \frac{(1+w_d)-[\theta(k)+k\times\frac{d\theta}{dk}](1+w_f)-[\theta(k)+k\times\frac{d\theta}{dk}]^2(1+w_d)+[\theta(k)+k\times\frac{d\theta}{dk}](1+w_f)}{[\theta(k)+k\times\frac{d\theta}{dk}](1+w_f)}$$

$$= \frac{(1+w_d)-[\theta(k)+k\times\frac{d\theta}{dk}]^2(1+w_d)}{[\theta(k)+k\times\frac{d\theta}{dk}](1+w_f)} > 0$$

故由 ρ_1 和 ρ_2 可得资产价格平价中性带区间（投机活动不能获利区间）为：

$$\frac{[\theta(k)+k\times\frac{d\theta}{dk}](1+w_d)-(1+w_f)}{1+w_f} \leq \rho \leq \frac{(1+w_d)-[\theta(k)+k\times\frac{d\theta}{dk}](1+w_f)}{[\theta(k)+k\times\frac{d\theta}{dk}](1+w_f)}$$

同理可以证明 Ef_1 一定大于 Ef_2，Ef 的中性带区间为：

$$\frac{[\theta(k)+k\times\frac{d\theta}{dk}](1+w_d)-(1+w_f)}{1+w_f}\times e+e \leq Ef \leq \frac{(1+w_d)-[\theta(k)+k\times\frac{d\theta}{dk}](1+w_f)}{[\theta(k)+k\times\frac{d\theta}{dk}](1+w_f)}\times e+e$$

从图6-1我们可以看出，预期的即期汇率存在一个资本无论是从国际市场进入国内市场，还是从国内市场进入国际市场都无利可图的中性带区域。在这个区域中，由于存在着成本因素的制约，随意进出一个市场均会造成一定的损失，只有当预期在改变投资市场之后，所获得的收益不仅能够超过在原先投资市场的收益，且能够弥补市场转换带来的交易成本，才会出现资本的进出。

现假设国内投资收益 $w_d=0.15$，国外投资收益 $w_f=0.1$，$e=8$，成本为进出总资本的10%，则 $Ef_1=10.45$，$Ef_2=6.69$，当 $Ef=11>Ef_1$ 时，出现预期的即期汇率大于上限的情况，此时每投资1元钱，在国外市场所获得的收益比在国内市场获得的收益多0.06元（存在 $\frac{d\theta}{dk}$ 未知）。同理可以得到当预期即期汇率小于下限的情况。

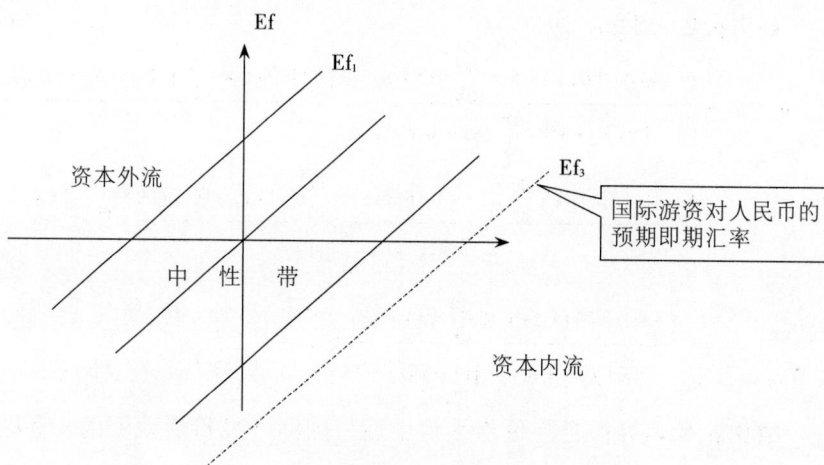

图6-1　资产价格平价图

　　我国一直存在资本管制，进出我国的资本成本较大，但是近年来进入我国的游资依然在不断增加，主要原因是由于我国过高的资产收益率和人民币升值的预期，导致我国的预期即期汇率远小于下限 Ef_2 的实际值，在图中由 Ef_3 表示。我国一直是宽进严出，故 Ef_2 的实际值比 Ef_1 偏离中心更多。

7　跨境资本套利模式转变的实证分析

　　从"中美利差原则"指导下我国货币政策的实践历程来看，在我国国内为了维持以中美利差为原则的人民币汇率决定机制，在人民币升值阶段积累了大量的外汇储备，外汇占款成为国内基础货币的投放形式，导致国内的流动性过剩，同时为了稳定人民币汇率，中国人民银行无法主动提高利率，流动性无法回收，导致资产价格上涨，大量国际游资投资于国内的房地产和股票市场寻求资产价格套利收益，并使国内资产价格泡沫进一步膨胀，加剧了人民币的升值压力，至此，中国国内的资产泡沫要求央行通过加息回收流动性，而"中美利差原则"下人民币升值压力又要求中国货币当局通过降息来防止国际流动资金套利；在人民币贬值阶段，伴随着国际资本的外逃，"中美利差原则"指导下的中央银行为了稳定人民币汇率，只能维持较高的利率水平，国内流动性紧缩导致资产价格下跌，国际流动资金的资产价格套利空间收窄引发资金进一步外逃，人民币贬值压力加剧，"中美利差原则"指导下的利率汇率决定机制再次导致我国内外经济失衡。在理论指导与政策实践的矛盾下，中国货币当局不得不放弃"中美利差原则"对货币政策的指导。本章对

利率平价理论在我国的适用性进行了考察，并试图从短期国际资本套利
方式转变的角度解释人民币汇率预期的决定偏离利率平价理论的原因。

7.1 文献综述

7.1.1 从利差套利转向资产价格套利

一些早期的研究指出利率平价理论在早期的发达经济体具有适用
性，这些经济体包括20世纪80年代到90年代的美国、英国等发达国家
（Simone 和 Razzak，1999），这些经济体往往金融自由化程度较高并且
金融管制水平较低（Berk 和 Knot，2001）；同时，利率平价理论更适用
于描述长期汇率的形成机制（Chinn 和 Meredith 等，2004；Lothian 和
Wu，2011），并且利率平价理论在发展中国家的适用性较差。

范立夫（2011）研究了2006年"中美利差原则"指导人民币汇率
和中国国内利率失败的原因，指出利率平价理论之所以在中国不适用，
一方面是由于中美两国宏观经济层面的差异性，这种差异性既表现为长
期以来中美经济发展的禀赋差异，又表现为中美经济动态发展的不一
致，经济发展和政策层面的摩擦导致拥有严格假设的利率平价理论在中
国不适用，贸易顺差使我国积累了巨额外汇储备，在人民币升值预期
下，为了防止巨额外汇储备资产缩水，我国政府通过冲销操作向市场释
放了更多的流动性；另一方面是由于国际流动资金在不同国家之间的套
利方式发生了变化，由利差套利转变为资产价格套利。杨海珍和纪学阳
（2017）研究分析了金融危机后利率平价理论失效的原因：首先，随着
经济全球化的发展，各国货币政策逐渐趋向于同步性宽松或收紧，金融
机构零利率甚至负利率成为各国普遍采用的货币政策，通过利差套利的
空间在缩小；其次，随着金融市场逐渐开放，资产价格变动越来越多地
受到国际国内流动性的共同影响。在开放经济中，当汇率存在升值预期
时，伴随着资产价格上涨，大量国际资金会流入资本市场，寻求汇率升
值和资产价格上涨的双重收益，短期国际资本通过投资股票和房地产等
金融资产，将能够获得更高的收益，并且在国内资本市场上形成一种价

格的"正反馈"效应(韩鑫韬和刘星,2017)。

在我国,研究汇率和其他资产价格的关联机制,需要考虑的一个因素是货币当局的外汇干预。为了维持汇率稳定,我国积累了大量的外汇储备,外汇占款成为我国基础货币投放的主要渠道,同时频繁的冲销干预导致利率上升,对股票价格产生影响(何诚颖等,2013;刘林等,2015)。钮文新(2013)指出,我国以利率平价理论为指导,维持较高的利率抑制了国内投资,人民币升值抑制了国内消费。开放经济需要处理外部均衡和内部均衡的关系,外汇干预只能暂时缓解某一市场的失衡问题,但会增加国际热钱的套利机会,热钱流动会降低政策干预的效果(张勇,2015)。

石艾馨和萧琛(2011)在测算我国短期资本净流入规模的基础上,通过分析指出资金流入我国的主要动因是寻求股市和房地产市场的投资收益,其次是从人民币升值中获得收益,而中外利率差不是吸引短期资金流入的影响因素。杨海珍和纪学阳(2017)构建综合资产收益率评价理论,考察金融危机后国际资本流动和人民币汇率与资产价格之间的关联关系,通过构建VAR模型进行研究,结果表明中国的房地产和股票资产是外资套利的重要渠道,人民币汇率和美元利率也会影响国际资本流动,但其实证结果同时表明,国际短期资本流动会影响利率变动,但对房地产市场和股票市场的影响不显著,人民币汇率变动会引起房价变动。巴曙松等(2015)通过主成分分析法研究影响我国国际资本流动的因素,并将国际资本流动根据性质划分为长期资金流动和短期资金流动,通过格兰杰因果检验和脉冲响应分析发现人民币升值预期以及房地产和股票价格是影响短期国际资金流动的原因,国内外利差对短期国际资金流动的影响不显著。Jongwanich和Kohpaiboon(2013)构造动态面板数据研究亚洲新兴市场国际资本流动与汇率之间的关系,结果表明以证券投资形式流入的资金会引起该国货币升值。肖立晟和郭步超(2014)构建了经资产价格调整的金融实际有效汇率,认为国际资本流动是造成金融实际汇率短期波动的原因,资金流动的目的是套汇或者套利,通过对金融实际有效汇率进行分解,文章表明发达国家流入中国的资金主要以套汇为目的,新兴市场在中国市场上的流动资金以套利为目的。同时以国际投资者风险偏好以及央行外汇市场干预作为自变量解释金融实际有效汇率的偏离，其中投资者预期由波动率指数（VIX）衡量。

随着对汇率问题的深入探讨，一些研究表明利率、汇率和国际资本流动以及资产价格之间的相互影响存在非线性关系（赵文胜等，2011；杨子晖和陈创练，2015），甚至是时变关系（Bacchetta & Wincoop，2012；陈创练等，2015）。江春、司登奎和李小林（2016）综合考虑了人民币汇率、中美息差、人民币汇率预期和股票价格之间的关系，该研究认为变量之间存在非线性影响，采用平滑转换误差修正模型，该模型假设区制转换从低区制向高区制的转变过程是平滑的，而不具有"瞬时突变"特征，适用于经济转轨时期不同变量之间相关关系的分析，该文实证结果表明，汇率预期、央行外汇干预以及中美息差在人民币汇率升值和贬值阶段对资产价格的影响具有异质性特征，并且这种异质性特征随汇率变动幅度和速度发生变化。

7.1.2 汇率和资产价格联动的机制

关于汇率变动与资产价格波动之间的联动效应，不同的研究试图从不同的角度进行解释，并尝试对其中规律进行总结。通过对部分文献的总结，可以发现大致分为三种机制：

1.波动风险外溢视角。其中，流量导向模型（Dornbusch 和 Fisher，1980）指出汇率变动会对本国企业产品的国际竞争力产生影响，进而影响企业股票价格从而造成资本市场的波动，并且随着资本账户开放程度不断加深，资产价格与汇率变动的相关关系更多受国际资本流动层面而非经常项目层面的因素影响。Branson（1983）和 Frankel（1983）完善了另一种影响途径，即存量导向模型，认为股票价格上涨会通过直接和间接途径引起本国货币升值。

2.系统动力学视角。开放的宏观经济发展形成了一个复杂的经济系统，系统内部各变量之间相互影响，某种变量发生对均衡水平的偏离和扭曲，必然会引起其他变量的波动，从而使经济系统通过动态调整重新恢复均衡。资本价格和外汇是经济系统中相互关联、相互影响的变量

（Hau 和 Rey，2002）。刘超和张伟（2012）以及刘超（2015）利用系统动力学理论和仿真技术，揭示了影响汇率变动的主要因素。

3.多重套利视角。异质性投资者的存在使得国际流动资金在本国资本市场上的套利活动得以实现。部分观点认为，汇率的本质是资产价格，由预期决定，因此投资者的异质性成为影响汇率和其他资产价格变动的重要因素，不同资产之间定价不合理会引起资产之间的套利活动（Dieci 和 Westerhoff，2011）。

7.1.3　汇率与资产价格联动机制的实证研究方法

为了对不同联动机制开展研究，不同文献采用的方法也存在差异，对汇率和资产价格相关关系的实证研究大多采用两种方法。

1.对于两变量之间波动性风险溢出效应的量化大多基于 GARCH 类模型（Hartmann 和 Pierdzioch，2007；）。丁志国（2011）、史芳芳和任小勋（2016）在研究两变量之间的溢出效应时采用 VAR-MGARCH-BEKK 模型，结果表明汇率对股票价格具有均值和波动溢出效应。田涛（2016）利用 DCC-GARCH 模型研究表明 2005 年和 2010 年两次汇改后，人民币汇率波动和短期国际资本流动波动之间的相关关系更加显著。

2.对经济系统内两大变量联动关系进行考察的文献则采用 VAR 模型。早期的研究大多基于线性模型开展，考虑到全球经济以及国内经济发展的复杂性和多变性，后期的研究逐渐将变量之间相互影响的非线性特征加以考虑。袁东等（2015）通过构建 VAR 模型研究发现，人民币实际有效汇率的上升会对房价产生影响，能够解释 2005—2014 年中国房价的上涨（13%～25%）。何诚颖等（2013）构建时变的结构化向量自回归模型，研究外汇干预、汇率变动以及股票价格变动之间的联动关系，通过脉冲响应函数分析发现，2010 年之前，股票价格上涨会引起人民币汇率升值，但 2010 年之后股票价格变动会引起人民币汇率反向变动，主要是由于全球经济发展的不确定性和国内经济发展放缓，国际游资避险情绪上升导致资本从中国市场回撤。朱孟楠等（2017）指出汇率影响房价变动的渠道主要有三条，分别为国际资本流动渠道、国内货币供给渠道以及宏观经济增长渠道，并利用时变参数的结构向量自回归模型考察人民币汇率波动、短期国际资本流动以及房地产价格之间的传导机制，发现短期国际资本对房价的影响受到汇率预期波动强度的影响。

近期的研究有将多种研究方法结合的趋势，以期望更全面地把握变量间的相关关系。如韩鑫韬和刘星（2017）以国内货币供应量为中介变量，分别通过预期效应、流动效应、财富效应、通胀效应和信贷扩张效应五种途径分析人民币汇率变动对我国房价变动的溢出效应，在此基础上通过构建VAR-FBEKK模型进行分析，结果表明汇率变化和货币供应量的联合波动对房价变动具有显著影响，从单变量影响来看，汇率波动的影响不显著，但货币供应量对房价变动具有显著影响。

通过对已有研究文献进行回顾，我们可以发现对于短期汇率波动偏离利率平价的研究，普遍认为汇率和资产价格之间产生了较强的关联性。人民币汇率和我国国内资产价格联动有两条路径，分别为国际资本流动路径和国内外汇干预所引发的流动性变化路径；实践和研究表明，汇率和资产价格变动之间是相互影响的关系，且具有时变特征，本研究主要从短期国际资本流动角度讨论汇率和资产价格的时变关系特征，并将股票收益率差和房地产收益率差指标同时加入模型当中进行考察。

7.2 偏离利率平价程度的测算

谭小芬等（2017）认为在利率平价理论经典假设满足的条件下，根据理论内容，当两国之间存在利差套利机会时，套利者从低利率国家以较低的成本借入资金，将资金投向高利率国家获取收益，随着资金流入，高收益货币在远期存在贬值压力，直到套利空间消失。即当两国的资金收益率存在差异时，套利资金流动将导致高利率货币的远期汇率贴水，最终资金在两国的投资回报应该是相等的，如果存在差值，则表明汇率形成偏离了利率平价理论。

7.2.1 偏离利率平价程度指标

首先，我们根据利率平价的实现方式，参考谭小芬等（2017）相关研究构建一个利率平价偏离指标，从历史数据的描述性分析角度考察利率平价理论的适用性。根据抛补利率平价理论，投资者将资金投向高利货币以期获得更高利息收益的即期交易的同时，由于为了规避高利货币远期可能出现的贴水风险，会在远期外汇市场上卖出远期合约，进行套期保值交易，汇率远期市场上大量掉期交易会造成远期汇率的升贴水，因此汇率的远期升（贴）水率等于两国货币利率之差，根据前文所述可以由如下公式表述：$1 + i_d = \dfrac{F}{E} \times (1 + i_f)$，其中 i_d 表示投资本国货币的收益率，i_f 表示投资外国货币的收益率，F 表示远期汇率，E 为即期汇率，汇率以直接标价法表示。远期汇率的升（贴）水幅度应该与两国间利率差水平相互影响实现利率平价，当上述等式不成立时，表明汇率决定偏离了利率平价。利率平价偏离程度的计算表达式为（1）式，D 代表利率平价偏离程度，由于人民币对美元采用直接标价法，当 D 为正时，表明人民币远期汇率的升值预期高于利率平价水平或贬值预期低于利率平价水平，当 D 为负值时，则反之；D 的绝对值越大，表明对利率平价的偏离程度越大，D 接近于 0，则利率平价成立。

$$D = i_d - \frac{F}{E} \times (1 + i_f) - 1 \tag{1}$$

在变量替代指标的选择方面，我们对人民币远期汇率和中美两国利差做以下讨论：首先，Micheal Funke 和 Marc Gronwald（2008）的研究表明，人民币 NDF 汇率会对人民币远期汇率产生较大的影响，因此我们以 3 个月期限的人民币对美元 NDF 平均报价作为远期汇率 F 的替代指标。其次，利率平价理论的主要内容是两个国家利率的差额等于远期兑换率及现货兑换率之间的差额。如果资金自由流动，各国的国债收益率应该会保持相对的稳定关系，因此对于本国和外国货币投资的收益率指标 i_d 和 i_f，分别以中美两国 10 年期国债收益率指标进行衡量。

7.2.2　偏离利率平价程度指标的描述性分析

图 7-1 为偏离程度指标随时间变动的折线统计图。

Cheung 和 Qian（2011）指出中美两国的抛补利率平价不成立，传统的宏观层面的因素以及中国的资本管制等因素导致了对利率平价的偏

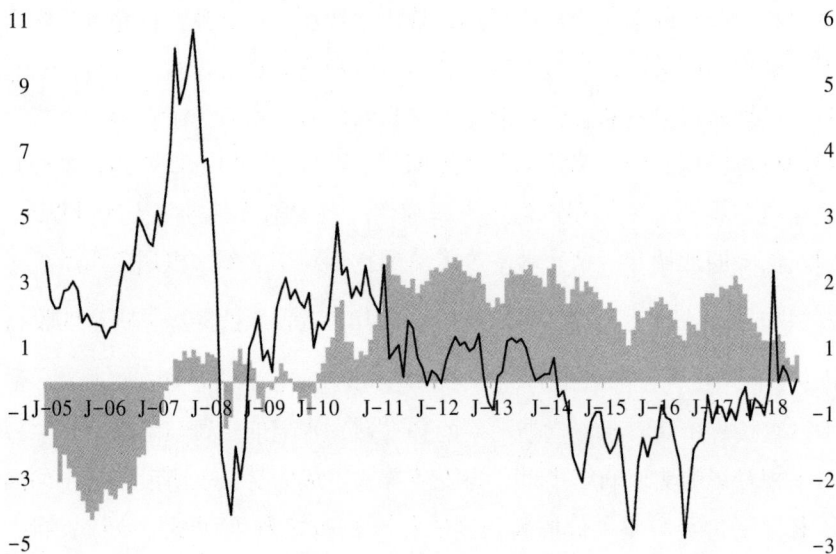

图7-1 利率平价偏离程度

离，特别是金融危机后，中国政府为应对危机采取了更加严格的汇率管制和资本管制，除了利率因素，宏观层面的因素和其他套利因素成为除利率因素外进一步加速国际资本流动的重要因素。从图7-1中我们可以发现我国汇率决定的几个规律，并结合两国经济发展宏观层面的因素对偏离原因进行简要分析。

首先，从总体而言，2005年7月汇率制度改革以来，人民币名义汇率决定是偏离利率平价理论的，但随着时间的推移，偏离程度总体在降低，利率平价理论在人民币汇率决定中的适用性在增强；前期主要表现为正向偏离，后期开始出现负向偏离，反映了人民币汇率前期的升值预期以及2014年年底开始的贬值预期。

其次，就波动幅度而言，受全球金融危机影响，偏离程度在2008年上半年达到峰值，主要是由于金融危机前的流动性泛滥和高风险偏好，导致资金大多流向发展中国家，刺激资产价格泡沫急剧膨胀，加剧了人民币汇率的波动压力；在2010年年底偏离程度再次达到一个小的峰值后逐渐波动缩小，但2014年至2016年出现了两次较大幅度的波动，伴随着这次对利率平价的偏离，我国于2015年8月11日宣布进行汇改，调整了人民币汇率的报价机制，人民币汇率双向浮动弹性进一步扩大，市场因素在汇率决定中的作用逐渐增大，此后利率平价理论在人民币汇率的决定机制中的适用性增强。2016年年底出现小规模的偏离，是由于当时美联储加息消息频传，中美经济发展短期的动态不一致性导致人民币汇率预期的波动上升。

最后，从波动方向角度来看，长期以来偏离程度在横轴以上波动，同时结合中美两国利差数据和利率平价理论的内容进行分析。2005年7月至2007年中美利率倒挂（中国利率水平低于美国同期利率水平），这一阶段利率平价偏离程度指标为正值，根据利率平价理论的内容，这一时期人民币存在较强的升值预期，短期国际流动资金流入；2008年下半年，对利率平价的偏离由正值转变为负值，此时利差为正，汇率较大幅度偏离利率平价指标并且面临较大的贬值压力，是由于金融危机后全球经济发展缓慢，叠加资产价格跳水，流动资金避险外逃严重，美国的短期国债等流动性较强的资产成为国际资本的投资标的；2010年至2014年，偏离指标和利差同时为正，按照利率平价理论，该时期的远期汇率存在升值预期或较小程度的贬值压力，并且根据中美利差原则的内容，此时利差套利资金流入我国将无法获利，同时期在我国国内通过释放流动性并引导流动性的投向，维持了资产价格稳定；2015年至2017年，负的偏离和正的利差并存，人民币的贬值压力较大，可以由中美两国进入不同的经济周期和货币政策周期来解释，随着美国经济恢复预期的不断加强，美联储进入加息周期，而低速增长则成为中国经济发展的"新常态"，中国经济同时面临供给侧结构性调整的挑战，在此背景下，我国保持适度宽松的货币政策，使得国际流动资金的套利空间缩窄。

7.3 实证分析

7.3.1 研究假设和模型设定

（一）研究假设

通过构造利率平价偏离程度指标，同时搜集相关文献，我们认为短期国际资金流动除了获得利差套利外，资产价格套利也成为其在不同市场之间流动的推动因素，汇率、资本流动以及利率差和资产价格差变动之间存在相互影响关系，并且通过对人民币升值阶段的"量价双松"政策和贬值阶段"量价双紧"政策的分析，认为变量之间的相互影响关系可能会随时间变化而变化，在此基础上提出本研究的两个基本研究假设。

研究假设一：造成利率平价理论偏离的原因是短期国际资本的套利模式发生变化，由利差套利向利差、汇差以及资产价格多重套利转变。

研究假设二：中美利差、资产价格差以短期国际资本流动为中介对人民币升值和贬值压力造成的影响不是长期稳定的，变量间相关关系具有时变特征。

（二）时变参数模型设定

经典的 VAR 模型被用于多个变量之间相关关系的估计，能够较好地解决模型的内生性问题，但 VAR 模型是一种静态模型，只能考察变量之间的某种长期稳定关系，无法反映变量之间不存在长期稳定均衡关系的情形。为了研究变量之间的时变关系特征，需要引入时变参数向量自回归模型（TVP-VAR）。我们主要参考 Nakajima（2011）的研究设定模型形式和模型的重要参数，首先对该模型及其参数分布假设进行介绍。

TVP-VAR 模型放宽了平稳性假设，时变参数模型实质上是一种状态空间模型，在对参数存在随机波动的状态空间模型进行估计时，采用马尔科夫链蒙特卡洛模拟（MCMC）的贝叶斯估计能够得出精确而有效的估计量。TVP-VAR 模型的设定形式如下：

$$y_t = X_t\beta_t + A_t^{-1}\sum{}_t\varepsilon_t, \ t = s + 1, \cdots, n$$

其中，模型主要的系数是 β_t，参数 A_t 和协方差矩阵 Σ_t 都具有时变特征，借鉴 Primiceri（2005）的相关研究，参数的演进机制服从随机游走过程，参数估计采用 MCMC 方法。

7.3.2 变量选择和数据处理

（一）变量选择说明

1.人民币汇率

利差套利和资产价格套利主要影响汇率的短期波动，我们在上文构建了利率平价偏离程度指标，以人民币汇率远期 NDF 作为人民币的预期汇率，在实证研究部分，我们以人民币汇率偏离利率平价程度指标作为汇率衡量指标（ee），当差值为正时，表明人民币汇率对利率平价存在正的偏离，也就是当投资人民币进行利差套利的收益较大时，人民币汇率远期的贬值幅度不够大，甚至存在升值压力，或者当国内利率低于美元利率时，人民币升值幅度较小，此时根据中美利差原则，短期国际资本流入我国进行套利将无利可图；当偏离值为负时，表明即使投资人民币的收益较小，人民币远期汇率依然存在较大的贬值压力，变量绝对值越大表明升值或贬值压力越大。

2.短期国际资本流动

对短期国际资本流动的衡量有三种方法，分别为直接法、间接法和混合法。直接法是通过将一国国际收支平衡表中能够反映短期资金流动的项目进行加总求得资金流动总量。间接法是用外汇储备减去经常项目净顺差以及 FDI 净流入等项目后的余额值作为短期资本流动的替代变量。混合法是将直接法和间接法综合的一种衡量方法，用国际收支平衡表中的误差遗漏项减去部分债务项得到（张明，2011）。根据统计数据频率以及数据可得性等条件限制，本研究采用间接法计算短期国际资本流动，并将结果进行对数化处理。具体的计算公式如下：

短期国际资本流动（lf）=外汇储备余额−对外贸易净出口额−FDI净流入额

3.资产价格

借鉴已有研究，通常认为股票资产和房地产是国际流动资金在我国的主要投资标的，其中海外资金主要通过四种途径对我国房地产市场进行投资套利：一是直接在我国境内设立房地产开发公司；二是通过收购境内房地产开发公司的股份获得控制权；三是收购国内房产物业；四是投资以房地产为标的的不良资产。除了投向房地产，资金还通过投资我国股票市场进行套利（徐瑾，2015）。我们以国家统计局公布的70个大中城市新建住宅价格环比增速作为中国房地产价格的替代变量，以标准普尔公司公布的Case-Shiller全美房价指数的环比增速作为美国房地产价格的替代变量（h）。将二者的差值作为国际流动资金投资不同国家房地产资产可能获得的套利空间的衡量指标。中美两国股票市场投资收益率差以我国沪深300股票指数和美国标普500股票指数的环比增长率之差来衡量（s）。

（二）变量描述性统计分析

本研究的所需数据中，人民币NDF数据、70个大中城市新建住宅数据以及沪深300指数数据来自wind数据库；人民币即期汇率数据、中国10年期国债收益率数据来自中经网统计数据库；美国标普500指数和Case-Shiller全美房价指数来自标准普尔公司统计数据；美国10年期国债数据来自美国财政部官网债券统计数据。本研究的样本区间为2005年7月至2018年12月，样本统计频率为月度，由于宏观经济数据受季节性因素影响较大，在搜集相关数据的基础上，对数据进行了季节调整，变量的描述性统计分析如表7-1所示。

表7-1 变量描述性统计分析表

	ee	lf	s	h	r
均值	1.097	−1.566	0.652	0.321	0.564
标准差	2.843	5.445	9.074	0.934	1.046
最大值	10.751	6.757	35.783	2.845	1.940
最小值	−4.762	−7.494	−32.113	−2.121	−2.090

通过变量的描述性统计结果，我们可以对每个变量的基本特征进行分析。人民币汇率对利率平价偏离的最小值出现在2016年12月，即人民币面临较大的贬值压力；偏离程度的最大值出现在2008年10月，即人民币面临较大的升值压力，并且即期汇率对汇率预期的偏离程度在逐渐缩窄；在2014年之前，短期国际资本主要表现为流入我国金融市场，2014年后短期国际资本表现为净流出，且流出体量较大；股票收益率差的最大值和最小值分别出现在2009年5月和8月，并且2009年的股票

收益率差总体波动幅度较大；房地产收益率差的最大值和最小值出现在2010年1月和2012年4月，房地产收益率差变量的波动幅度最小。表7-1对中美10年期国债收益率差进行了描述性统计分析，中美两国利差通常表现为正值，在2005年7月至2007年10月出现利差倒挂，集中于中美两国经济状况和货币政策出现差异最大的阶段。

7.3.3 实证结果分析

（一）参数估计有效性结果

TVP-VAR模型中的待估系数和参数以及协方差矩阵都具有时变性，需要采用马尔科夫链蒙特卡洛模拟方法对相关待估参数进行估计，本研究借鉴 Nakajima（2011）的研究方法实现参数估计，模拟次数为10 000次，并剔除前1 000次模拟以保证估计结果有效。在模拟之前需要设定参数协方差矩阵对角线上元素的先验分布，设定形式为：

$$(\sum\nolimits_\beta)_i^{-2} \sim Gamma(20,10^{-4}), (\sum\nolimits_\alpha)_i^{-2} \sim Gamma(4,10^{-4}), (\sum\nolimits_h)_i^{-2} \sim Gamma(4,10^{-4})$$

表7-2给出的采用MCMC方法的参数估计和诊断结果显示，Geweke诊断在10%的显著性水平下不能拒绝参数收敛于后验分布的假设，并且非有效性因子均小于60，表明在时变参数的向量自回归模型中采用MCMC方法能够为参数估计产生足够的有效样本，实现参数的有效估计。图7-2列出了表中所估计参数的自相关性、波动性特征，从第一行可以看出在剔除预烧期样本后，样本的自相关性逐渐下降，从第二行可以看出样本的取值路径较平稳，最后一行表明样本后验分布较为集中，说明通过该方法对样本取值能有效产生不相关的样本。

表7-2 　　　　　　　　MCMC方法参数估计及诊断结果表

Parameter	Mean	Stdev	95%U	95%L	Geweke	Inef.
sb1	0.0023	0.0003	0.0018	0.0029	0.121	6.39
sb2	0.0023	0.0003	0.0018	0.0029	0.103	11.56
sa1	0.0056	0.0016	0.0034	0.0097	0.106	44.96
sa2	0.0054	0.0016	0.0033	0.0094	0.342	54.87
sh1	0.2215	0.0631	0.1228	0.3683	0.584	59.22
sh2	0.558	0.1669	0.3213	0.9525	0.539	41.74

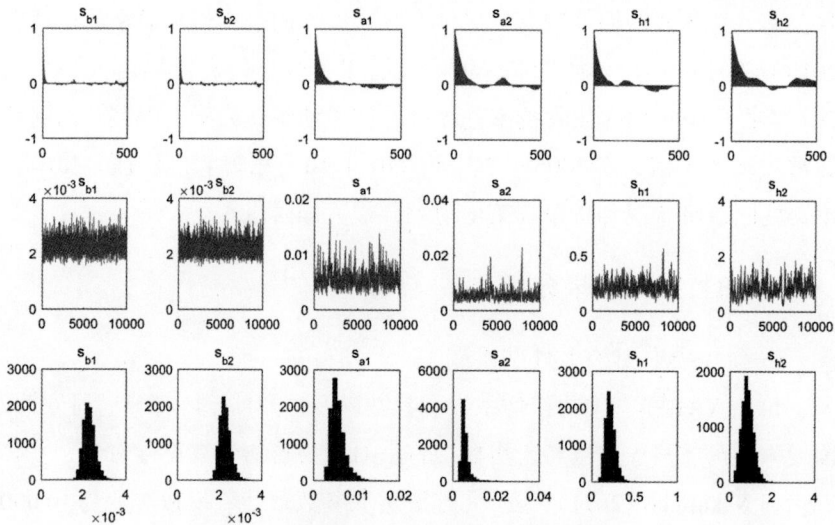

图7-2 参数估计和有效性诊断结果图

（二）变量波动性特征分析

图7-3第一行反映了样本期内变量模拟值的变动特征，人民币汇率偏离利率平价程度指标与房地产收益率差指标变动的频率相对较小，短期国际资本流动和股票收益率差表现出比较剧烈和频繁的波动。第二行反映了变量的波动率特征，从中可以看出，股票收益率差变量的波动率最高，汇率变量、短期国际资本流动变量波动率次之，房地产收益率差的波动幅度最小，并且随着时间的推移，短期国际流动资金变量、股票收益率差和房地产收益率差变量的波动率均呈现明显的下降趋势，人民币汇率对利率平价的偏离变量波动率出现先下降，后在2018年有提高的趋势，是因为受国内外经济环境和中美贸易摩擦的影响，汇率受经济层面因素和不确定性因素的影响而出现较大幅度的波动。

（三）变量间影响系数时变特征

图7-4反映了四个变量之间的相互影响关系，第一行两个子图反映了汇率偏离利率平价程度指标和短期国际资本流动以及股票收益率差指标的相互影响关系，可以看出两种关系不存在时变性，且均为稳定的正相关关系，表明人民币汇率对利率平价理论偏离方向与短期国际资本流动方向和股票收益率差的变化同向变动。其经济含义可以表述为：当人

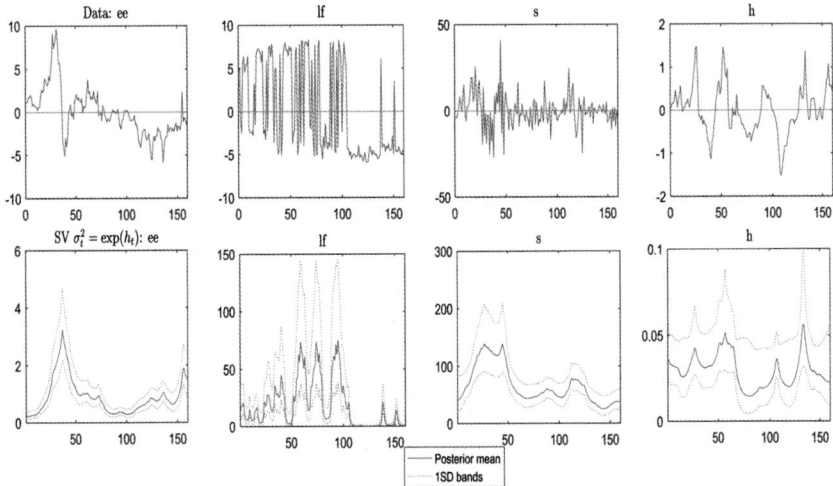

图7-3 变量变动和后验随机波动率特征图

民币面临升值压力和贬值压力时，伴随着短期国际流动资本的流入和流出，当根据利率平价理论不存在套利空间时，短期国际资本依然大规模流进或流出我国，证明短期国际资本的套利方式发生转变，并印证了前文所论述的我国政策的量价双松和后期量价双紧的逻辑。当人民币面临升值压力时，我国货币当局通过调整利率和汇率政策，保持人民币汇率较低的升值幅度，国内投放大量流动性会推动资产价格上涨，并引致短期国际资本通过投资国内资产获得资产价差套利。当国内利率高于美国利率，人民币面临贬值压力时，为了防止热钱流出利空我国的资本市场，我国收紧货币政策以推高利率水平从而扩大中美利差，虽然保持了人民币对美元贬值幅度低于中美利差水平，但伴随着我国外汇储备的持续缩量以及经济下行压力的不断加大，国内资产价格下跌，短期国际资本外逃，我国股票市场面临收益率下降的局面。

图7-4第二行的两组子图描述的相互关系分别是短期国际资本流动与股票市场收益率差变量以及汇率指标与房地产收益率差指标。从左侧子图来看，短期国际资本与股票收益率差指标间基本保持稳定的正相关关系，即随着国际资本的流入，股票市场收益率差提高，表明股票资产是短期国际资本的一个主要的投资标的。从右侧子图中可以看出，汇率指标和房地产收益率差指标的相关关系具有时变特征，在2005年至2010

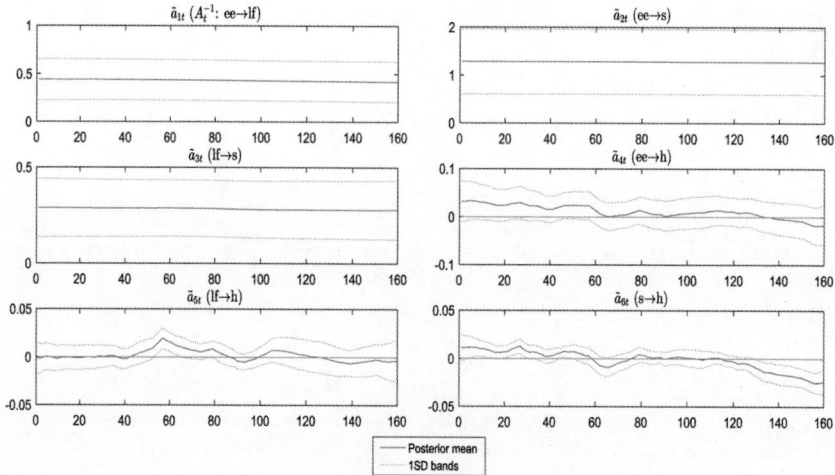

图7-4　变量相关关系时变特征图

年两者保持比较显著的正相关关系，2010年重启汇改至2016年，两者相互影响关系处于较低的水平，但始终保持正相关；此后二者相关关系由正变负，且负相关关系变大，此时人民币面临贬值压力和房地产市场面临较为严格的调控，收益率趋向稳定，反映了我国经济面临内部结构性调整和外部经济衰退的双重压力。

图7-4第三行反映的是短期国际资本流动和房地产收益率差以及股票收益率差和房地产收益率差之间的相互影响关系。从图中可以看出两组相关关系均表现出时变特征。左侧子图是短期国际资本流动和房地产收益率差之间的时变关系，从图中可以发现前期两者表现为正相关关系，由零值附近震荡到逐渐放大的正相关关系说明房地产成为短期国际流动资金套利的手段之一；后期相关关系由正转负，表明随着我国对房地产市场的调控逐渐趋严以及对资本管制的逐渐放开，资本账户波动性上升而房价波动性下降，两者处于不同的政策周期，呈现了负相关关系。从右侧子图可以看出股票市场收益率和房地产市场的收益率在前期为随时间变化的正相关关系，在2010年出现负相关关系，在后期也呈不明显的正相关直到负相关，表明两者对资本的吸引出现替代关系，并且从数据特征可以看出股票市场的收益率高于房地产市场。

结合第一行右侧子图和第二行左侧子图，以及第二行左侧子图和第三行左侧子图，可以看出汇率和资产价格差的相关关系与短期国际资本和资产价格差的相关关系走势保持基本一致，说明汇率变动通过短期国际资本套利影响了资产价格变动，短期国际资本的套利方式确实发生了变化。

(四) 脉冲响应关系分析

1.不同时点一单位冲击脉冲响应图

图7-5是不同时点上变量间的脉冲响应图，图例中 t=30，t=60和 t=90分别对应 2007 年 11 月、2010 年 5 月以及 2012 年 11 月。从第一行可以看出，在不同时点上人民币汇率指标面临一单位的正向冲击时，均能够对短期国际资本流动产生持续的正向影响，对股票收益率差指标产生短期的正向影响，特别是 2012 年 11 月份的时点上，人民币汇率的升值冲击在短期内引起股票收益率差较大幅度的上涨，对房地产收益率差的影响则随时间变化，2007 年的人民币汇率升值预期引起房地产收益率差持续的正向变动，并逐渐向横轴收敛，2010 年及 2012 年汇率升值在短期促进房地产收益率差上涨，但半年后对房地产市场产生负向影响。

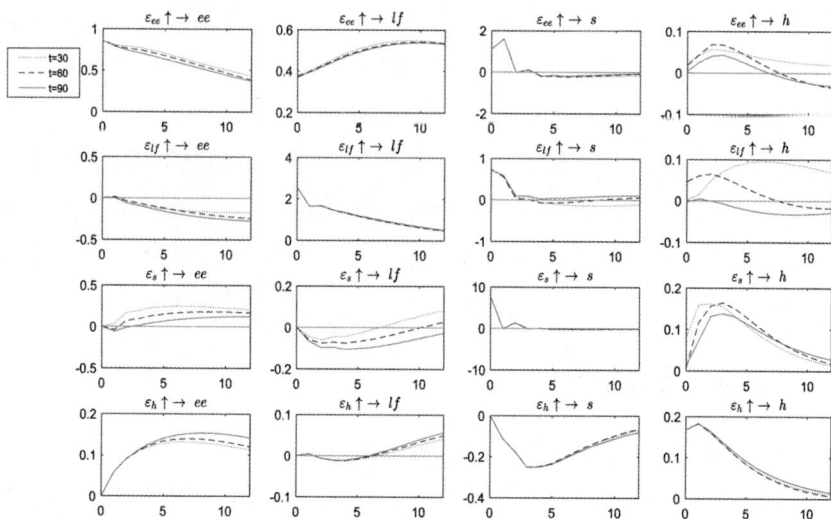

图 7-5 不同时点脉冲响应图

从第二行可以看出，随着资本管制的放开，短期国际资本流动一单位正向冲击对其他变量的影响程度在下降，但影响具有持续性。

从第三行和第四行第一个子图可以看出，股票收益率差和房地产收益率差一单位正向冲击均能对汇率指标产生持续的正向影响，但不同时间点上，汇率指标对股票收益率差的脉冲响应在减弱，对房地产收益率差的脉冲响应在增强。从不同时点的脉冲响应图中也发现了变量间关系的时变特征，三个时点的脉冲响应结果差距较大，体现了汇率制度改革和金融市场改革的不断深化。

2.不同提前期脉冲响应图

图7-6是不同提前期变量间的脉冲响应关系图。从第一行可以看出，汇率指标的一单位正向冲击对短期国际资本流动变量的影响基本不变，但对股票和房地产收益率差指标的影响变化较大，对股票收益率差的影响为负，且冲击提前期越短影响越明显，对房地产收益率差也主要表现为负向影响，但提前期较短的冲击造成的短期影响为正，负向脉冲响应表明前期人民币汇率贬值不足或存在升值压力时，短期国际资本流入会率先引发房地产价格上涨，收益率提高。第二行第一个子图表明，短期国际资本的前期流入会引起后期人民币汇率的贬值预期，由该行第三个和第四个子图可以看出，前期的热钱流入对股票市场和房地产市场的影响方向存在差异，短期内房地产市场繁荣，对股票市场的持续影响为正，但在2015年短期国际资金和股票收益率差之间的相关关系为零值和负值，是因为这期间我国股票市场经历了较为剧烈的波动。从第三行和第四行的子图中可以看出，早期资产价格的正向冲击在未来通过吸引国际资本流入套利引发货币升值，2015年后，股票收益率差的前期扩张与汇率变动负相关，而房地产市场收益率差的前期扩大与汇率变动正相关，可以发现房地产资产和股票资产的投资替代关系。

7.3.4　研究结论

（一）汇率决定偏离利率平价理论

通过对已有研究和历史数据的总结和描述，我们首先发现利率平价理论在新兴市场经济体中的适用性普遍较低，但对描述发达经济体的长期汇率形成机制较为适用，这主要是由于新兴经济体往往存在较为严格的资本管制以及市场开放程度较低，同时在"三元悖论"框架下，无法

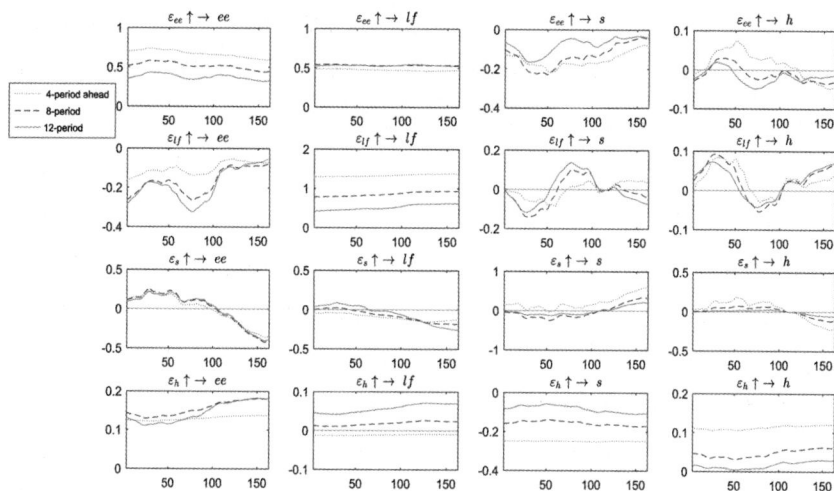

图7-6 不同提前期脉冲响应图

实现货币政策的主动调节，而发达经济体已经建立较完善的市场体制，在国际资本流动中起主导作用。就人民币汇率的决定而言，长期以来偏离利率平价，但随着我国汇率制度改革的完善，金融市场的开放以及人民币国际化背景的深化，对利率平价的偏离程度逐渐变小，我国经济在朝着内外均衡的路径收敛。

（二）国际资本套利方式发生转变

通过进一步研究发现，利率平价理论在人民币汇率的决定机制中不适用是因为国际资本的套利方式发生了改变，资产价格差为国际资本提供了收益更高的套利机会。这在我国主要表现为房地产市场上持续上涨的房价以及股票市场的不断发展，总市值迅速积累，具有较高的投资收益，相对而言，金融危机后各国普遍实施零利率甚至负利率以提振经济，利差套利的空间在逐渐缩窄。从实证研究中可以发现，中美两国间股票收益率差和房地产收益率差以短期国际资本流动为渠道，能够在一定程度上解释人民币偏离利率平价程度指标的变动，证明了短期国际资本的套利模式的转变。从套利手段来看，在前期股票和房地产市场的收益均是短期国际资本套利的手段，短期国际资本的流向和资产价格与汇率呈正相关关系，三个经济变量以宏观经济运行和政策变动为背景相互影响；但随着2016年中央经济工作会议提出"房子是用来住的，不是用来炒的", 房地产调控思路发生转变, 房地产收益率开始总体可控, 短期国际资本在房地产市场的套利机会逐渐消失, 从而在人民币面临贬值压力的时候, 国内资产价格保持相对稳定。

(三) 资产价格变动与汇率间具有时变关系

从实证研究结论可以看出, 偏离利率平价指标与短期国际资本流动和股票收益率差指标间的相关关系较平稳, 但与房地产收益率差指标间的关系存在时变特征。同时, 股票市场和房地产市场之间具有的投资替代性特征逐渐明显。从汇率预期和短期国际资本流动对国内资产价格的影响来看, 我国资产价格特别是房地产价格受短期国际资本套利影响的波动性在下降, 而股票市场的变动与国际资本流动的变动保持长期一致, 随着我国金融市场的开放, 将有更多合格投资主体注入我国的 A 股市场。从国内资产价格对汇率变动的影响来看, 随着汇率制度改革的不断深入, 二者之间相互影响关系的持续性在降低, 更多地表现为短期的冲击影响, 通过结合不同阶段中美两国宏观经济发展不同特征的差异性可以发现, 汇率的长期变动更多地反映了实体经济层面的差异。

8 宏观政策的协调配合

8.1 利率政策与汇率政策协调的必要性

利率和汇率是我国中央银行实施货币政策的重要工具。利率与汇率分别代表了货币在不同市场的价格，二者对调节宏观经济，引导资源合理配置发挥着重要作用。利率通常作为维持内部均衡的有效工具，通过影响货币供给与有效需求，影响国内企业投资和居民消费水平，从而影响国内经济。物价稳定是货币政策的最终目标，不断上涨的物价水平（通货膨胀）会给经济运行带来很大的不确定性，从而阻碍经济增长。当整体的物价水平不断变化时，由产品和服务的价格所传递的信息就不够准确，这样就会给消费者、企业和政策的决策带来困难，而利率在维持物价稳定方面发挥着重要作用。汇率则通过影响国际收支来维持外部经济均衡，由于我国经济对外依存度较高，汇率的变动对进出口产生重要影响，进一步影响就业和国内经济。利率政策与汇率政策协调的必要性主要表现在以下两个方面：

　　一方面，国际资本的频繁跨国流动趋势要求利率政策与汇率政策协调配合。从我国利率政策与汇率政策的实践来看，二者出现过若干次冲突，给宏观经济均衡的实现带来了一定的不利影响。在"中美利差原则"的指导下，为维持人民币汇率对美元汇率的相对稳定，货币当局制定了较低的利率，在一定程度上造成投资过热，引起资产价格泡沫，而出于资产价格套利目的的境外资本大量流入引起外汇市场的不均衡状态，带来人民币升值压力。为维持汇率稳定，我国丧失了利率政策的部分自主性和灵活性，却并未实现汇率均衡稳定的目标，反而加大了汇率市场的波动性。

　　另一方面，同时实现内外均衡的目标要求利率政策与汇率政策协调配合。制定利率政策时应参考汇率政策，在利率较低的情况下，国内流动性过剩，资产收益率较高，国际资本通过正常或非正常渠道的大量流入导致我国国际收支顺差加大，外汇市场上的外汇供给大于需求，外币贬值、本币升值。因此应适当提高利率水平，使得资金成本处于合理水平，降低资产价格收益率，从而减少出于资产价格套利目的的境外资本流入，平衡外汇市场的资金供求格局，实现汇率稳定。

　　在制定汇率政策的同时也应考虑对国内经济的影响，使之与利率政策相协调。汇率会对国际收支造成影响，贸易顺差会增加国内流动性，而人民币的持续升值预期，使得出于套利目的的国际资本流入我国，加上我国资产的高收益，外资大量进入我国以获取人民币升值和资产价格套利的双重收益。国际资本的流入导致国际收支顺差加大，外汇市场上的外汇供给大于需求，本币升值。为维持汇率的稳定，人民银行不得不在外汇市场上投放本币、购买外汇，大量的外汇占款造成基础货币的增加，加大了国内流动性，进一步使利率下降。因此在汇率政策的制定方面应逐步实现均衡汇率，减少国际投机资本流入，从而减少其对国内经济及利率政策的影响。

　　此外，根据米德冲突，单独采取维持内部均衡或外部均衡的政策会造成一国内部均衡和外部均衡的冲突，单纯的利率政策或汇率政策都不能实现对经济的全面调节，也不利于化解金融风险，只有两者密切配合，才能实现经济内外的共同均衡。因此如何合理地制定利率政策与汇率政策，并进一步实现二者的协调配合成为货币当局制定政策时的重要问题。

8.2 长短期的政策协调

2007年上半年，中国的外汇储备增长2 662亿美元，其中约1 199亿美元的净流入来源不明，说明有近万亿美元的热钱可能流入中国市场。而大量的抱有投机目的的热钱流入中国市场，使得人民币升值水平达到了一定的高度。随着2008年金融危机影响的日渐消散，美国经济复苏，经济形势趋于好转，中国经济却一直下行。近年来，美联储进入持续加息周期，导致近期人民币贬值压力增大。

如果按照传统的利率平价理论来分析，人民币的贬值幅度不应该超过中美之间的无风险资产的利率差。假设中国无风险利率为5%，美国无风险利率为2%，双方保持3%的利差，因此人民币的贬值幅度应为3%，以维持利率平价理论的平衡。由于美联储进入加息周期，美国无风险利率提升到2%水平以上，如果中国不调整利率甚至下调利率，即维持5%水平甚至下降到5%水平以下，双方利差将会小于3%。根据抛补套利理论，这会导致2007年进入中国的热钱大量外流。投机者会抛售人民币资产，购置美元资产，从而导致资产价格下降的同时人民币贬值预期加大，使中国经济下行的情况加剧。如果中国上调利率，继续维持3%左右的利差，以防止进入中国的热钱外流，就会使中国市场的流动性进一步紧缩，经济下行的压力也会将进一步增大。

由以上分析可以看出，无论央行采取何种利率政策，都会加大中国经济下行的压力，这使得央行陷入了中美利差的困境。因此，我们无法使用传统的利率平价理论来解决这个问题。

从长远来看，中国经济发展正处于中美经济形势逆转的大周期，中国的经济增长速度仍然高于美国，中国与美国的经济差距也在历史的长河中不断缩小，人民币也没有长期贬值的基础，但中美经济仍然有较大的差距，这一形势也是短期内无法解决的。当前美国经济复苏，中国经济下行，中美经济形势发生了阶段性的逆转，中美经济差距不缩反扩，叠加中美利差缩窄的因素，热钱从中国流出，加强了人民币贬值预期，同时，二者也会形成恶性循环，撤出的资本越多，人民币贬值预期越大，从而加剧资本外流。

2014 年之前，中国经济进入了 GDP 与劳动生产率高速增长的时期，人民币升值不可避免。出于汇率稳定与刺激出口的目的，货币当局选择降低政策利率，试图基于利率平价理论追平中美利差，用小周期的手段来解决大周期的问题，导致市场上流动性过于宽松，通货膨胀日益严重，资产价格存在着较高的泡沫，技术落后的产业没有被淘汰掉，利率平价理论反而成为它们的保护伞。如今虽然中国经济增长进入"新常态"，但资产价格套利的主导地位与中美经济增长的不一致使得我们面临着类似的困境，解决的方法对我们来说十分重要，在政策类型选择上遵循"问题与政策相对应"的原则与"大、小周期"分别调控的整体思路。

8.2.1　以价格型政策平抑短期内异常波动

要实现利率政策与汇率政策的协调配合并非易事，利率政策与汇率政策的有效发挥受到经济开放程度、金融市场结构和市场预期变化等多方面因素影响。目前我国正处于从管制型利率体制向市场化利率体制变迁的过程，利率市场化尚未成熟，缺乏一个有效的基准利率，经济主体对利率反应缺乏弹性，这些因素制约了利率政策作用的有效发挥。汇率方面，我国长期以来采取了近似于钉住美元的汇率政策，缺乏良好的汇率形成机制，因此完善汇率市场，形成有效的汇率形成机制，增强汇率的弹性有助于汇率政策的实现。只有利率政策和汇率政策各自行之有效时，才可较好地对二者进行协调。当一国面临资本流出与汇率贬值时，央行一方面可以提高在岸市场利率水平，增加套利资本利差收益，降低资本流出规模与速度，实现稳定汇率的目标；另一方面可以调控离岸市场利率，通过控制离岸市场的人民币供给并且买入人民币抛售美元，提高香港 Hibor 各期限利率，抬高国际投机资本利用杠杆融资参与人民币境内外汇差套利的保证金成本，迫使空头平仓，稳定人民币汇率预期。

在对利率政策和汇率政策的考虑中，资本管制成为不容忽视的问题。随着我国开放程度逐渐加大，国际资本大量流入，境外资本的流入虽然加深了利率与汇率之间的联动关系，但也给我国内外经济均衡带来了隐患。境外资本的流入会从一定程度上影响国内资金市场的供求情况，使利率发生变化，同时，境外资本的流入加大了外汇市场上的外汇供给，给汇率带来波动。央行可以通过出台加强外币现钞收付管理、限制RQDII资金出海等措施，对资本进行管制，控制离岸市场的人民币供给，降低境外人民币流动性，令国际卖空资本无法筹集更多人民币加大卖空力度，抬高投机资本流动门槛与显性成本，抑制汇率升值与贬值的过度超调。因此，要加强对境外资本的流入流出监管，避免其对利率政策与汇率政策的协调作用造成影响，给宏观经济带来干扰。

出于资产价格套利目的流入我国的大量境外资本改变了外汇市场的资金供求情况，引起汇率波动，进一步对国内经济均衡造成不利影响，因此央行应对资产价格进行调整，完善资产定价机制，形成合理资产价格，从银行信贷、政府监管等多方面对资产价格进行调控，减少资产价格泡沫，缩小套利空间，从而更有效地发挥利率政策和汇率政策的协调作用。在防范低利率与宽松货币政策引发资产价格套利的同时，也应避免调控过程中由于利率较高而引发传统利差套利，因此应选取"适宜利率水平"。

8.2.2　以机制型政策巩固长期内经济基础

长期来看，政策重点应放在金融体制改革与供给侧结构性改革上。首先，在宏观经济层面上，要继续大力推动供给侧结构性改革，淘汰落后的产能，并期望可以达到人民币升值阶段时未能达到的效果，促进国内的产业升级。其次，我们需要把保持汇率稳定的目光从利率平价理论放到发展实体经济的层面上来，通过劳动生产率的提升来使人民币越来越强势，使人民币的实际价值不断提升，国际化的速度不断加快。最后，可通过以上手段使得国际资本在国内稳定，投资者市场心理稳定，再对人民币汇率进行适当的调整，使其适当合理地贬值，给我们的长期政策争取更多的时间，为今后的改革提供更多的空间。这会使我国经济下行的压力有所减缓，为迎来一个新的小周期做好准备，加速中国经济追赶美国这一大周期的运行，使中国经济实力日益增强。在金融层面上，我们将针对利率政策与汇率政策的协调详细展开，进一步阐述利率政策、汇率政策、资本管制与资产价格各自的调整政策。

8.3 协调的利率政策

一国在实施利率政策时，往往要考虑宏观经济中的诸多因素。传统的货币政策实施中，利率是调节通货膨胀的重要手段，随着我国对外开放程度逐渐调高，国际资本加速流入我国，使得国家在制定和实施利率政策时，应更多地将国际资本流动考虑其中。因此，下面我们将分别阐述制定和实施利率政策时考虑通货膨胀和国际资本流动的必要性，并就目前利率体系中存在的问题以及当前货币政策走势提出建议。

8.3.1 利率政策需以内部均衡为首要目标

（一）政策长期内需首先考虑通货膨胀因素

利率政策往往是内部均衡的基础。一国的宏观经济运行在长期内由利率水平决定，物价稳定和经济资源的充分利用有赖于利率的调节，相比之下，国际收支的长期均衡主要由国内经济发展与人均收入水平决定，短期波动与超调受到利率与资产价格等因素的影响，解决外部均衡问题应提高对外贸易的国际竞争力，而非依靠调整利率水平等小周期的手段来解决经济运行在大周期下的非均衡状态。因此，当前我国面临内部经济走弱与外部资本流出的"货币政策两难"矛盾时，利率政策调控应以内部均衡为主。

物价稳定是货币政策的最终目标，也是其他货币政策目标得以实现的长期保障。不断上涨的物价水平（通货膨胀）会给经济运行带来很大的不确定性，从而阻碍经济增长。当整体的物价水平不断变化时，由产品和服务的价格所传递的信息就不够准确，这样就会给消费者、企业和政策的决策带来困难，因此保持物价稳定十分必要，而利率政策在维持物价稳定中往往发挥着重要作用。利率政策主要包括利率水平的确定和利率结构的调节，以使利率既能反映社会资金供求状况，调节物价水平，又能优化社会资源的有效配置，实现一国经济资源的充分利用。

利率对一国内部均衡的作用机制如下：首先，货币当局通过对宏观经济运行状况的适时监控、分析和预测，确定宏观经济或金融市场偏离健康运行轨道的程度，选择使用利率政策并使用最合时宜的利率工具，调整利率水平或利率结构；其次，商业银行对货币当局政策进行有效识别，并根据自身资产负债结构调整信贷投放；最后，社会公众根据金融市场和商业银行等金融机构传递出来的价格信号，做出理性的投资、消费行为，进而影响名义国民收入和物价水平等宏观经济变量和整体经济运行的轨迹。

2014年，习近平总书记提出"我国经济发展进入新常态"，标志着中国经济高速增长大周期的见顶，经济发展呈现"L型"趋势，进入经济下行的小周期，甚至一度面临"债务-通缩"风险。我国经济增速放缓的主要原因在于：一是刘易斯拐点的到来意味着人口红利衰减，低端劳动力成本提高，同时我国人才引进与储备机制尚不完善，高端人才供不应求，成本偏高；二是美国制造业"再工业化"进程与周边国家更为低廉的劳动力成本分流了我国部分出口需求；三是随着各国工业化的完成、国际收入水平的提高，国外居民与企业对低端制造类产品需求减少，高端需求比例提高，而我国企业创新意识相对薄弱，生产仍停留在加工制造的初级环节，比较优势下降，各企业正面临产业升级转型的结构化调整，从而导致出口企业利润下滑；四是中小企业实际融资成本居高不下，企业投资规模缩减。因此，我国目前面临的问题来自供给侧，供给侧结构性改革的目的就是创新，并在创新的基础上以更高的效率、更好的质量、更有效的组织模式去生产出满足需求结构变化调整的新的供给体系；但同时，供给侧改革在短期内仍然需要需求管理政策的支撑与配合，否则很难落到实处，供给侧改革的长期目标依然是扩大需求，让市场在资源配置中发挥决定性的作用，因此，货币政策在促进供给侧结构改革方面仍然具有不可或缺的作用。

我国仍需维持"稳健中性"的货币政策，灵活且有针对性地展开公开市场业务，通过适当调整利率水平，使其能够真实反映资金供求状况，正确反映市场上的资金成本，降低企业的实际融资成本，提高企业产出效率，抑制企业投资冲动，从而在一定程度上缓解我国实体经济流动性不足的局面。

（二）政策短期内应以结构性冲突为主

现阶段，我国经济面临较为严重的结构化问题，包括流动性脱实向虚的结构化矛盾、经济增长与金融风险的结构性矛盾和产业发展周期之间的结构性矛盾。鉴于上述结构化矛盾的存在，利率水平的确定和利率结构的调节极为重要，我国的利率政策也应以结构化为主要调控模式。

第一，由"宽货币"转变为"宽信用、紧货币、量松价紧"的调控模式。宽信用意味着具有生产背景、切实需要扩大生产的优质企业可以获得宽松的信贷支持；紧货币意味着控制社会总体流动性，缓解资本市场过度繁荣、资产价格泡沫破裂的压力与风险；量松价紧则意味着当前经济脱实向虚、实体经济杠杆高融资成本高，所以应上调公开市场操作利率水平，使得短端利率上升，提高资金融资成本，扭转资金脱虚向实状况，长端利率平稳，可以刺激消费投资行为，促进经济平稳增长，同时，因为金融机构面临去杠杆压力，需要稳定流动性以防止崩盘风险，所以需要适度的流动性宽松作为支持。

第二，由"大水漫灌"转变为"精确滴灌"，加快完善创新型货币政策工具体系，差别化实施利率政策，慎用法定存款准备金率等力度较强、辐射面较广的传统货币政策工具。一方面，将流动性供给与金融机构信贷投放相联系，对于产能过剩、债务杠杆较高、库存量高企且处于行业生命周期末期的问题企业，应该控制对其的信贷投放，提高贷款审批门槛与实际融资利率，弱化地方政府的扶持与软约束下的刚性兑付，允许企业按照市场化模式自主改制、兼并重组以及当企业难以为继时可以有秩序地进行破产清算，提高社会资本利用率；对于轻资产、高回报率的服务行业，政策应予以支持，降低民营资本准入限制与融资成本，同时引导金融机构加大对国民经济重点领域、薄弱环节和社会事业的信贷投放。另一方面，要考虑到货币政策工具在影响银行效率上的差异，针对不同的商业银行调整货币政策工具的使用力度，保证货币政策通过商业银行顺利传导。

8.3.2 建立有机的利率体系以加快推进利率市场化改革

我国利率市场化改革历经了20多年，自1996年取消同业拆借利率上限管制开始，中国人民银行放开了银行同业拆借利率，积极推进境内外币利率市场化，2004年开始推动贷款利率市场化，总体思路是先贷款后存款，先大额后小额，先外币后本币，直到2013年7月放开贷款利率管制，取消金融机构贷款利率0.7倍的下限，商业银行可以根据贷款风险自主实行差别化定价策略，进而获得风险补偿。2015年10月24日，央行宣布对商业银行、农村合作金融机构等不再设置存款利率浮动上限，这意味着我国利率管制基本放开。至此，中国的存贷款利率上下限完全解除，这使得我国信贷市场进一步实现了市场化，中国的利率市场化迈出艰难一步，这也是我国利率市场化改革的重要里程碑，标志着中国金融改革的巨大进展。

利率市场化是中国金融领域最核心的改革之一，推进利率市场化对优化资源配置具有重大意义，为货币政策调控转型创造了有利条件。市场化利率形成有利于降低社会融资成本，为经济健康可持续发展营造适宜的货币金融环境。但是在促进利率市场化方面，还需在如下方面进行改进：

（一）提高商业银行自主定价能力

自2013年7月20日起，央行全面放开金融机构贷款利率管制，取消金融机构贷款利率0.7倍的下限，利率市场化深入推进，存贷款利率价格更多地反映市场供求关系。同时，商业银行定价自主性提升，定价差异化成为常态，商业银行之间的竞争日益激烈，存贷价差收益不断收窄。合理、准确的定价能力不仅可以完善市场化价格形成机制，还对商业银行的盈利性提出一定挑战，因此具有重要战略意义。

随着商业银行利率定价自主性提升，精细化定价管理必将走向深化，以基准利率为定价基准，稳步推进存贷款利率市场化。如推进长期大额存款及大额可转让存单利率市场化，加快大额可转让存单标准化和二级市场建设，放开小额定期存款利率，最后放开短期存款利率。再则通过发展存贷款及其利率的替代产品，推动存贷款金融机构实现业务结构和商业模式转型，加大金融产品创新力度，运用金融市场的机制力量从外部推进存贷款金融机构的存贷款利率市场化改革。

（二）市场利率体系的构建

市场利率体系的构建在于打通利率产品市场的界限，完善利率的期限结构，提高基准利率的可控性与相关性，从而疏通利率传导机制，提升传导的准确性与效率，降低传导过程中的摩擦与时滞效应。

首先，培育有效的基准利率体系。市场基准利率是利率体系中核心的指标利率，它可以用作各类利率型金融产品的定价标准，是投资决策和业绩评判的重要参考依据，它的变动也会带动市场利率体系中的其他利率随之调整。我国现阶段构建的基准利率是短期利率和中长期利率相结合，包含一个核心的基准利率和多种其他基准利率的有机体系。该体系中不同期限与类型的基准利率发挥各自在某个市场上定价基准的作用，其中，7天逆回购利率可以较好地发挥政策利率的作用，同业拆借利率能够作为货币市场的基准利率，国债利率可以作为中长期利率市场的基准利率。

在货币市场上，同业拆借利率一直是中央银行政策利率和商业银行利率之间最重要的传导机制，是国际公认的一国基准利率。同业拆借市场利率可以及时体现资金供求状况，对整个货币市场利率结构具有导向性，中央银行既可以根据同业拆借利率，调整政策利率、引导市场利率，又可以通过变动政策利率引导同业拆借利率水平，以此增加和减少对金融机构的资金头寸，调控货币供应量。同时，同业拆借利率的变动也会影响到外汇市场上的短期汇率，外币同业拆借市场操作和外汇市场操作可以搭配起来调节市场资金供求，央行在外汇市场上的操作将影响外币同业拆借市场流动性，诱使资金在外币同业拆借市场和人民币同业拆借市场之间流动，进而影响各货币市场资金供求和利率水平，实现央行的政策目标。因此同业拆借利率（SHIBOR）是一个可以有效反映市场供求状况的基准利率工具。当前，由于我国金融市场（如货币借贷、资金融通、票据抵押与贴现、证券发行与流通以及信托、投资、保险等）尚处于分割状态，各个金融市场之间的利率关联度各不相同；我国的同业拆借市场和参与机构规模较小，成交价格并不具有强烈代表性；

我国的市场中介机构（如全国银行间同业拆借中心等）在货币市场的报价、交易行情发布、信息统计等制度设计方面尚不成熟，这些因素共同导致了SHIBOR存在市场化程度不高、代表性不强等弊端，因此我国可采取如下策略：一是弱化存贷款利率的基准作用，通过差别存款准备金利率、同业存单和大额存单等金融产品，引导金融机构提升市场自主定价能力。二是扩大同业拆借市场规模，扩大同业拆借市场利率的影响，使其反映真实的市场资金供求，放宽银行同业拆借市场和有抵押债券回购市场准入资格，同时要建立严格的退出机制，加大对报价行和市场参与者的管理、激励和惩罚力度。三是建立发达成熟的货币市场，并在规范各金融市场的同时加强彼此联系，形成有机的利率均衡格局，其中，市场主管部门应进一步扩大交易主体范围，提高市场活跃程度，营造更为宽松的政策环境，如改进市场运行结构、增大一级市场发行规模、放宽二级市场交易额度限制、推动创新金融产品交易等，以不断提高货币市场的运行效率；在稳健合规的前提下，交易主体应不断探索市场交易活动的有效方式；市场中介机构应立足于服务市场发展的需要，不断改进技术支持手段，提供高效率的市场交易平台。四是加快完善SHIBOR的期限结构，完善中长期期限的产品，不仅增强SHIBOR报价的可交易性，还加强其作为金融产品定价的基础。五是优化SHIBOR定价机制，增加SHIBOR报价行的早盘交易比重，发挥其市场引导力，并扩大报价行规模、强化报价行内控制度、加强第三方对报价行的监督管理，提高报价准确性与适用性。

在资本市场上，完善国债利率收益曲线。一方面，国债收益率曲线是资产定价的基础，自1999年以来，路透、彭博、万得等相继研发的国债基准收益率曲线，被广泛应用于各金融机构的定价分析、风险控制、业绩考核等领域，提高了外部监管的有效性；另一方面，国债收益率曲线也是联系货币政策和实体经济、基准利率和市场利率间的桥梁，是宏观调控的重要工具之一。但是我国国债利率收益曲线尚未实现充分的市场化，无法全面反映市场信息、及时准确预测经济发展情况以及货币政策宏观调控，因此，要从以下方面不断完善国债利率收益曲线：一是放宽市场参与主体的准入资格条件，增加其数量和类型，使国债市场价格形成。二是丰富国债发行品种和频率，使期限分布均衡化。三是衔接国债一、二级市场，建立完善统一相连的国债市场，增强流动性。四是完善我国国债期货市场，拓展其功能发挥的深度和广度。

其次，扩大金融市场规模和金融产品种类。不断发展货币市场和资本市场，拓宽金融产品种类，增加可交易金融工具，扩大市场化利率覆盖范围，通过与银行信贷竞争促使银行借贷利率市场化。同时消除资金在货币市场和资本市场间自由流动的制度壁垒，强化两个市场的沟通与联系，使央行能够通过货币政策工具影响短期利率，进而影响长期利率和整个利率体系，从而形成一个有机的利率体系，强化利率传导效应和货币政策的实施效果。我国金融市场无论是在金融工具，还是在金融制度上都还不够完善和发达。金融工具的创新可以为投资者提供更广阔的投资范围，提供避险保值的套利选择，随着国际资本的大量流入，国内流动性加大，合理规范的投资环境会从一定程度上缓解资本流入对国内经济的冲击。而金融制度的创新与完善，可以保护投资者特别是中小投资者的权益，为企业融资和投资者理财提供高效公平的环境。但我国目前金融法律法规相对滞后，没有法律约束的创新会加大经济的波动，因此在金融制度创新方面应做到以下几点：首先，完善金融法律法规，注重保护大众投资者的利益；其次，建立健全多层次资本市场，如健全并购与重组的法律法规、尝试做市商制度的试点工作；最后，逐步实行中央银行货币政策与银行监管相分离，防止货币政策松紧与银行监管力度之间的同步震荡，将更多的监管职能赋予银保监会、证监会，完善监管的专业化，并最终实现金融监管一体化。

再次，提高经济主体对利率政策的敏感程度。作为货币政策的一项重要内容，利率政策本身存在着时滞效应，时滞的存在会影响利率传导的有效性，由于利率的变化最终表现为银行等金融机构和微观主体所做出的反应，因此提高经济主体对利率政策的敏感程度是非常重要的。提高经济主体对利率政策的敏感程度可以从以下两个方面考虑：一是要深化国有企业改革，国有企业由于资本所有权缺失、政资不分、政企不分等原因，对货币政策信号反应不敏感，非国有企业则较为敏感，因此国有企业可参照非国有企业的经营机制进行改革，可采用民营企业通过投资参股、委托经营等方式参与国有企业改造。二是要调整居民储蓄和消费行为，提高收入水平，减少收入差距和分配不均的社会现象，同时改善社会保障制度，减少居民对未来支出的不确定性。

8.3.3　完善利率走廊机制

数量型货币政策框架和价格型货币政策框架的主要区别在于中介目标的不同。数量型货币政策工具是指控制货币供应数量的调控工具，如法定存款准备金政策、公开市场业务、再贴现政策，基本由中央银行进行主导调控，通过调整货币供应量的大小来调控宏观经济。价格型货币政策工具是指通过资产价格变化，影响微观主体的财务成本和收入预期，使得微观主体根据宏观调控信号调控自己的经济行为，例如利率政策、汇率政策、公开市场业务。长期以来我国采用的是数量型调控和价格型调控相结合，以数量型调控为主的货币政策框架。随着国内外经济金融形式的快速发展，由于数量型货币政策工具调控的负面效应越来越明显，如外汇占款的增多削弱了我国货币政策调控的独立性，数量型货币政策工具增加了货币政策调控的成本，货币供应量作为数量型中介指标与货币政策最终目标的相关性不稳定等，再加上随着我国经济全面转型，市场经济形态逐步建立，商业银行产权市场化水平日益提高，市场主体地位逐步得到确立，大量衍生金融工具出现以及非正规金融体系信用创造能力增强，因此，作为价格型货币政策的综合体现，利率走廊机制的推出与完善具有一定的必要性和迫切性。

央行自2015年提出货币政策框架转型的既定目标，培育以短期利率为中枢的利率走廊，取代存贷款基准利率，并作为新的政策利率。利率市场化彻底完成之后，基准利率不再是由央行确定存贷款利率的基准利率，而是由银行间市场确定。央行大致操作为先用公开市场调节基准利率，然后再用SLF控制利率走廊上限，用超额存款准备金利率控制利率走廊的下限，建立利率走廊，只有当市场利率超过上下限时予以调控，从而有效稳定流动性和利率预期，实现利率的自主稳定。

（1）完善利率走廊上下限利率，强化政策预期

常备借贷便利要在市场运行中发挥利率走廊上下限的作用，需要逐

步扩大自身的影响力和应用范围。应该改进常备借贷便利的抵押品制度和操作要求，根据货币政策调控意图和市场流动性变化及需求状况对常备借贷便利进行合理定价，从而在市场参与者中形成利率上限的应有概念，通过逐步扩大该政策工具的市场认同度，在实际操作中确立事实上的走廊上限。

对于利率走廊的下限来说，参考利率走廊理论及国际经验，利率走廊下限大都设为超额准备金利率。但我国的超额存款准备金利率长期保持在0.72%，不仅导致利率走廊宽度过大，呈现出明显的不对称性，而且无法发挥下限的支撑作用，失去了利率走廊下限的调控意义，因此一方面应该对超额存款准备金利率水平进行动态调整，在释放或回收流动性的同时提高市场主体对利率走廊下限的敏感性，加强调控信息的传导，另一方面应该探寻更合适的利率走廊下限利率操作目标。

（2）收窄利率走廊宽度

我国利率走廊机制逐步缩小利率走廊宽度，一方面降低了央行对利率波动的容忍性，有助于降低短端利率的波动，提高拆借利率稳定性，强化其基准利率的作用；另一方面增强了预期的有效性，央行的每一次调控都会给市场带来显著的预期，从而推动市场理性定价交易，通过预期渠道、资产配置渠道、资产负债表渠道实现利率政策的有效传导，进一步实现市场利率的"自我稳定"。

（3）相机调控政策目标利率

央行应综合考虑宏观经济运行、资本市场发展，兼顾物价稳定、经济增长与国际收支平衡等政策目标，以内部均衡为基础调控国际资本流动，对短期政策利率包括7天逆回购利率与短期流动性调节工具的价格进行调节。当一国处于经济下行周期，市场利率普遍在目标利率上方运行时，央行可以通过公开市场操作进行逆回购并降低逆回购操作利率，在投放流动性的同时引导市场预期，降低商业银行融资成本，促使主体基于利润最大化原则调整自主定价行为，降低存贷款利率，从而降低居民融资成本，提高消费与投资意愿，刺激消费；同时，商业银行作为银行间债券市场的重要交易主体，其交易行为会对债券市场利率产生一定影响，当商业银行融资成本下降，存贷款利差收窄时，利润最大化原则指导下的商业银行金融市场业务占比攀升，投资债券市场比例提高，债券市场需求增加导致短期收益率下行，进而引导长期利率下行。由此，央行实现了由政策利率引导信贷市场与资本市场利率同时下行的目的，有效刺激实体经济发展。

8.4　协调的汇率政策

在一国中，汇率是维持外部均衡的必要保证，国际收支的平衡在一定程度上取决于汇率的变动。汇率政策对于外部均衡的目标实现的重要性源于汇率变动对国际收支的各个组成部分都有着重要的影响：汇率通过对物价、进出口贸易的作用使经常账户受到影响，通过对资本流动、投资及国际储备的影响使资本账户受到影响。另外，汇率变动也会影响到物价水平、资源配置和经济增长，从而对内部均衡产生影响，因此有效的汇率政策极为重要。

目前的人民币汇率政策源于1994年的汇改。之后随着经济形势的变化，汇率政策进行过一些调整，并不断趋于完善。在人民币汇率政策的制定上，中国必须从整体国家利益出发，在考虑维持经济内外均衡的基础上，综合考虑实施某项汇率政策需要的各项条件和政策实施后可能带来的各种影响，制定合理的汇率政策，并正确处理来自外国政府的压力。在当前阶段，我国汇率政策应以转型为首要目标，从长期来看，经济基本面发展引导预期，对汇率走势起主导作用，而我国经济处于转型期，经济发展应主要依靠产业升级与供给侧改革，因此汇率形成机制的重要性大于汇率实际价值的重要性，对金融的影响大于对经济实体的影响，在经济发展的小周期内，货币当局应该容忍汇率在一定区间内自由波动，并在频率和力度上相机抉择进行调控，以短期"阵痛期"的存在换取长期利益。

8.4.1　构建宽幅波动区间调控机制

年度波动区间是借鉴欧元区目标区制经验，兼顾汇率稳定性与弹性，在向完全市场化转型期间的一种过渡机制。

2015年"8·11"汇改以来，我国的汇率政策导向向市场化机制改革，改变单边升值趋势，允许汇率双向波动。虽然"收盘价+一篮子货币+逆周期因子"的操作模式提高了汇率确定的透明度，汇率弹性加大，汇率可更真实地反映外汇市场上的资金供求，有利于我国国际收支的稳定，但是同时汇率波动的风险增大，市场难以形成关于人民币汇率走势的稳定预期。由于预期的汇率变化不再是单向稳定的，套利的风险成本就会增大，从而在一定程度上减小了套利的国际资本流动规模。当前的汇率模式降低了收盘价的影响，人民币汇率在很大程度上仍由央行决定，但是基于离岸市场做空力量的贬值预期撬动内地市场，引发在岸汇率剧烈波动，汇率急剧变动和不稳定往往伴随着金融市场的不发达和微观经济主体的不完善。目前我国金融市场尚欠成熟和完善，人们对金融避险工具的认识还需要有一个过程，金融监管也比较薄弱。正处于改革过程中的国有企业仍面临着诸多困难，还没有建立起完善的现代企业制度，缺乏防范汇率风险的意识。可见，目前我国尚不具备实施完全的浮动汇率制度所需要的条件和环境，如果实行浮动汇率制度，可能会导致人民币汇率频繁波动，不仅无助于金融部门和金融市场的建设和发展，而且还将大大增加经济发展和社会稳定的成本。

因此，为了避免资本市场发生系统性风险，减少外汇储备的进一步损耗，货币当局进行了严格的资本管制，但同时也妨碍了正常的贸易结算和资本跨境流动，导致资源配置的严重扭曲。因此，人民币汇率需要市场化与浮动汇率机制改革，适当增大汇率变化的弹性，但不能完全放任汇率的波动。为避免资本市场可能出现恐慌性反应从而造成超调，可采用人民币钉住宽幅"一篮子"货币作为过渡措施。

钉住宽幅"一篮子"货币的宽幅波动区间机制是一种既可满足一定的汇率弹性又有利于政府调控的汇率管理办法。其原理是根据经济发展目标确定本国货币对外国货币汇率的目标水平或变动范围。央行可以根据有关经济指标，确定人民币目标汇率的水平，公布"一篮子"货币中心汇率，同时允许人民币对美元汇率上下宽幅波动10%~20%，但央行可以选择不对外公布波动幅度范围。只要市场汇率的变动不超过警戒范围，央行不必干预其自由浮动，一旦汇率变动超越了这一目标区间，政府就进行干预，使其恢复到目标水平。目标汇率范围可对套利短期资本流动做出调整，如果投机性资本流动是对暂时性的汇率变动做出的反应，央行可选择在必要的时刻进行干预以维持原定的目标范围并稳定预期；如果由于制度变革或国际收支状况的根本性转变等原因导致套利资本出现持续性流动，央行可以修改目标范围以减小套利资本的流动规模。

货币当局对浮动区间的调整需要对外汇交易市场、外汇指定银行与居民和企业的交易制度、银行的外汇头寸管理制度和强制结售汇制度进行相应的改革和调整，否则会影响整个外汇市场的交易效率。货币当局不仅可以在区间两端进行买入和卖出，而且可以作为外汇交易市场的一个成员，在区间内的任何价位进行交易。因此，货币当局事实上还具有决定每日收盘价的能力。这样也体现了货币当局对调节汇率的主动权和控制力。

8.4.2 优化汇率制度与中间价定价机制

有效的汇率制度是汇率改革的重点，也是汇率价格合理制定的基础。我国汇率制度历经了如下阶段的改革：

2005年"汇改"时宣布实行参考"一篮子"货币进行调节的汇率制度，人民币汇率参考的"一篮子"货币中包括美元、欧元、日元、韩元、新加坡元、英镑、马来西亚林吉特、俄罗斯卢布、澳元、加元和泰铢等。但中国人民银行并未公布"一篮子"货币的构成、权重等具体情况。从2005年"汇改"以来人民币对美元汇率的走势来看，人民币保持了一种对美元相对稳定、小幅升值的状态，但对欧元、英镑、日元、澳元、加元等其他"一篮子"国际货币的实际汇率不是相对温和地波动就是贬值。随着对外开放程度不断提高，我国主要经贸伙伴已呈现明显的多元化态势。同时，资本往来也呈现多样化和多区域特征。在此背景下，人民币汇率如果钉住单一货币变化，不能满足贸易投资货币多元化的需要，也不能反映汇率的实际水平。多种货币组成的货币篮子及其变化更能准确反映真实的汇率水平。如单一钉住美元，为维持对美元汇率的稳定会造成对其他主要货币的升值或贬值，从而在贸易方面带来负面影响。因此，需要以市场供求为基础、参考"一篮子"货币进行调节，这有利于形成更为科学合理的汇价水平。对企业和居民来说，在当前贸易和资本往来多元化的格局下，不宜单纯依据美元来衡量人民币汇率，而应从双边汇率转向多边汇率，更多关注篮子汇率变化，以人民币相对"一篮子"货币的变化来看待人民币汇率水平。为了促进人民币在2015年年底加入 IMF 的 SDR 货币篮，央行在2015年8月11日汇改的核心，就是主动放弃对每日人民币对美元中间价的管理。在"811"汇改后的一段时间内，央行曾经让人民币对美元汇率中间价直接等于前一日收盘价。央行还在2015年年底推出了 CFETS 货币篮，初始的篮子中包含13种货币，并在2016年2月，央行宣布，人民币对美元汇率中间价制定同时参考两个目标。第一个目标是前一日收盘价，第二个目标是为了维持过去24小时人民币对特定货币篮的有效汇率不变，所需要的人民币对美元双边汇率变动幅度，初步形成"收盘汇率+一篮子货币汇率变化"的人民币对美元汇率中间价形成机制。2017年2月，央行宣布调整"收盘价+一篮子"定价机制，一方面把 CFETS 篮子中的货币数量由13种增加至24种，另一方面为避免美元日间变化在次日中间价中重复反映，把参考"一篮子"货币的时间由过去24小时缩短为过去15小时。2017年5月，中国央行为了消除汇率贬值的顺周期性，进一步与美元实现脱钩，宣布引入逆周期调节因子，把"收盘价+一篮子"的中间价定价机制，转变为"收盘价+一篮子+逆周期调节因子"的定价机制。

对于汇率机制调整与中间价定价机制矫正，一方面可以调整中间价定价公式组成要素，按照央行特定阶段的政策目标增减因子，比如在美元指数走弱的背景下增加逆周期因子；另一方面可以对既有要素进行微调，比如对篮子构成与收盘价参考时段做出修正。具体政策建议如下：

首先，相机抉择，优化"篮子货币"构成与比重。参考货币篮子的汇率制度可有效地稳定汇率，有助于稳定人民币实际有效汇率。对国际贸易和国际投资产生影响的是实际有效汇率。人民币钉住单一美元汇率制度，尽管可以稳定人民币对美元的双边名义汇率，但在美元对世界主要货币之间的汇率发生较大波动时，其波动将完全由人民币对非美元货币汇率波动吸收，从而可能会导致人民币对非美元货币汇率的大幅波动，进而引起人民币名义有效汇率的较大不稳定。而参考"一篮子"的汇率制度，使得人民币对货币篮中任何一种货币双边汇率的变动，经过权数化后传导给以人民币表示的"一篮子"货币价格的影响大大缩小了。此外，由于货币篮中各种货币的双边汇率的变动，向上的变动与向下的变动对以人民币表示的"一篮子"货币价格的影响可能会相互抵消，从而使以人民币表示的"一篮子"货币价格相对稳定。由于在参考"一篮子"货币汇率制度下限定了以人民币表示的"一篮子"货币价格的浮动范围，从而使人民币名义有效汇率的波幅变小。而实际有效汇率是名义有效汇率扣除物价因素后的有效汇率，因此，人民币名义有效汇率保持相对稳定亦有助于稳定人民币实际有效汇率。

参考"一篮子"货币有助于实现均衡汇率，从而实现资源的合理配置。无论人民币汇率被低估还是被高估，对经济发展都是不利的。人民币汇率被高估或低估长期都可能会扭曲价格机制，使人民币汇率丧失在资源配置中的积极作用，造成资源浪费。另外，人民币汇率长期被低估，会减少贸易伙伴国的市场占有份额，引起贸易保护，从而可能会对我国经济及世界经济带来新的问题。人民币汇率是把"双刃剑"，人民币汇率被低估或高估对我国和贸易伙伴国经济都会产生不利影响。参考"一篮子"货币的汇率制度有利于形成均衡汇率，从而避免上述问题。

篮子货币选取及权重确定反映了货币当局政策目标与调控方向。一方面，其制定基础可以着重考虑商品和服务贸易的权重。美国、欧元区、日本、韩国等目前是中国最主要的贸易伙伴，相应的美元、欧元、日元、韩元等也自然会成为主要的篮子货币。此外，新加坡、马来西亚、俄罗斯、澳大利亚、加拿大、泰国等国家与我国的贸易比重也较大，这些国家的货币对中国的人民币汇率也是很重要的。一般而言，与中国的年双边贸易额超过一百亿美元，在权重中是不可忽略的。另一方面，不同阶段的政策导向决定了篮子中美元与非美系货币比重的变化，2017年年初至今，中国出口增速改善明显，人民币对货币篮的有效汇率不升反降，而人民币对货币篮的贬值因素来源于人民币对美元升值幅度过低，因此央行就必须加快人民币对美元的升值幅度，实现降低篮子货币中美元占比，弱化外汇供求失衡引发的对美单边贬值影响。由于当时中美之间正处于首次"习特会"后的"百日谈判期","贸易改善+货币贬值"的格局可能引发特朗普政府的不满,从而招致来自美国的新的汇率指责与贸易保护主义行为,叠加欧元区、日本经济相对于美国经济的复苏以及欧元区大选不确定性的消退,美元对欧元、英镑与日元均显著贬值,因此是与美元脱钩的良好时机。

其次,形成有效的汇率"双锚制"。人民币汇率中间价不仅由上述篮子货币构成,作为汇率决定的"外锚"反映国外货币价格,还要参考上一日外汇市场收盘价变化,作为汇率决定的"内锚"反映国内供求关系。在当前汇率决定机制中,往往存在"非对称贬值"现象,当美元走弱、"一篮子"货币走强时,人民币钉住美元,对美元贬值幅度大于对"一篮子"货币贬值幅度,当美元走强、"一篮子"货币走弱时,人民币钉住"一篮子"货币,对"一篮子"货币贬值幅度大于对美元贬值幅度。究其原因在于,内锚机制往往面临着"美元需求大于美元供给"的结构性失衡,供给端近乎失效,无论美元升值还是贬值,人民币都不会有显著的升值,收盘价反映的人民币对美元升值不到位,难以抵消篮子货币贬值幅度,造成人民币"易贬难升"。因此,央行应放松资本管制,提高央行层面的美元供给,同时应该稳定人民币汇率预期,鼓励投资者提高结汇比例,扩大人民币跨境结算规模,从而提高人民币需求,增加美元供给。

再次,在完善人民币汇率"双锚制"基础上尝试构建其他汇率锚,以进一步分散美元锚的影响力。一方面,参考"一篮子"货币的汇率制度虽然具有一定透明度,但也会增加市场预期的不确定性,不确定的汇率形成规则虽然会带来汇率自主稳定,但同时也会导致汇率变动的不确定性,进出口价格变得不确定,直接影响企业利润,增加市场主体选择投资的难度。另一方面,参考货币篮子调整货币汇率,与宽幅区间波动机制所规定的浮动范围有时是不相容的,浮动区间有时不能消化货币篮子的价值变动,这会在短期内带来投机冲击风险。再加上前述部分提及,投资者本身对"一篮子货币锚"认可度不高,市场仍呈现出美元主导的态势。因此,当前可以选择更换"锚定汇率",建议在当前可尝试参考利率为锚,维持短期利率水平不变,同时通过货币政策操作降低中长期利率。因为短期资本流动主要对短期利差敏感，维持一定水平的短期利差是稳定短期资本流动的必要举措，而降低中长期利率则是稳定国内经济增长的重要措施。另外，随着"一带一路"倡议的实施以及"亚投行"的创设，大量的跨国基建和公共设施项目会加快推进，实施这些项目需要大量的大宗商品。建议推动大宗商品以人民币定价，逐步形成以大宗商品价格为锚的汇率形成机制，有利于提高我国在大宗商品市场的话语权和定价权，也有利于进一步推动人民币国际化进程。

同时，把握调控力度与频率，在汇率弹性与维稳目标之间相机抉择。按照大周期理论，我国应逐步推行浮动汇率制，允许汇率按照市场供求双向浮动，深化汇率弹性；但是在小周期内，国际资本流动与国际形势的变化会在短期内对人民币汇率形成冲击，维持汇率稳定成为短期内主要目标，这时就需要央行入市干预，比如说在"811"汇改之后，央行为避免汇率波动与定价权旁落，打出了一套汇市干预组合拳，以抬升做空成本为中心思想采取多种措施干预市场。第一，控制离岸市场的人民币供给并且买入人民币抛售美元的做法导致香港 HIBOR 各期限利率大幅飙升，抬高国际投机资本利用杠杆融资参与人民币境内外汇差套利的保证金成本，迫使它们只能削减规模。第二，通过出台加强外币现钞收付管理、限制 RQDII 资金出海等措施，控制离岸市场的人民币供给，降低境外人民币流动性，令国际卖空资本无法筹集更多人民币加大卖空力度。人民币离岸市场的发展是人民币国际化改革的一个必然产物。人民币国际化自然不能走回头路，离岸市场也不可能关掉。但是，人民币国际化并不代表我国要主动放弃对海外人民币的控制权。在海外人民币被用作冲击我国汇率稳定工具的时候，我国更应做出应对。只要适当收紧离岸市场的人民币供给，推高其利率，投机者加杠杆的成本就会大大增加，其杠杆规模也会相应下降。在各个离岸市场，都有我国指定的人民币清算行（香港特别行政区的是中国银行），也有我国金融机构大量存在。这些机构可以将人民银行的意图传递到对应离岸市场中，从而有效降低离岸市场给人民币汇率稳定带来的压力。第三，待这种套利交易变得难以维系后，开始在离岸市场大举买入人民币，一举将汇差抹平，彻底遏制套利交易与卖空资本获利空间。

8.4.3 完善有效的汇率形成机制

目前我国汇率的形成机制，是由企业结售汇、央行外汇头寸限额管理和央行市场干预组成的三位一体的框架，人民币汇率的生成主要是通过银行间外汇市场的交易和央行的频繁干预实现的，而中央银行在人民币汇率水平的决定上起着决定性的作用，汇率形成机制缺乏市场化。因此建立汇率市场形成机制就是由国家高度控制外汇体制向由各种外汇持有主体自由地自主经营外汇体制转变的过程。且现行的结售汇制度对企业结汇条件和售汇规定的设计较多地保证外汇供给的一面，而对外汇需求方面的约束相对较严格。这种制度的本意是为了防止人民币因外汇的短缺而过度贬值，但是由于外汇市场中供求力量的结构性不平衡，央行在外汇市场公开操作中陷于被动地位，无法自主选择干预汇市的时机、方向与规模，更不可能灵活运用汇率工具来减小投机性资本流动的规模。因此建立有效的汇率形成机制，具体可在以下方面进行：

首先，争夺汇率定价权，实现清理市场。当前我国的外汇市场上，国际资本在离岸市场做空人民币，煽动汇率预期，进而主导在岸人民币的走势，这使得一国货币政策独立性下降，国内经济受到境外力量冲击，不利于内外部均衡，因此，在小周期内，央行首先要通过抬高资金成本与资本管制的方法挤出空头，实现清理市场，将在岸人民币汇率定价权从投机力量转移至央行手中，同时实现非居民向居民、离岸向在岸的转移；在大周期内，汇率仍由购买力平价理论决定，因此央行应通过汇率机制改革，完善外汇市场制度，消除两岸套利机会，从而使定价权从金融层面最终转移至经济层面，由一国的比较优势决定该国货币价值。

其次，完善外汇市场，提高市场的深度与广度，为汇率市场化提供运行基础。我国外汇商场交易品种单一、资金来源有限，使得外汇市场相对封闭。应逐步建立和完善外汇远期市场和期权市场，增加外汇市场交易品种，放开资金来源主要由银行结售业务的周转余额和外商投资企业的代理买卖外汇组成的限制等；尝试新的外汇交易方式，目前我国外汇市场主要是指以电脑自动撮合方式成交的银行间外汇交易市场，这种交易方式在实行强制结售汇制度下效率较高，但是实行意愿结售汇制度则会有所阻碍。因此可以考虑国际上通行的商业银行做市商交易制度，使商业银行从目前的交易中介变为做市商，使汇率真正反映市场参与者的预期；增加市场交易主体，让更多的企业、金融机构、居民直接参与外汇的买卖，同时推广银行代理企业在银行间外汇市场买卖外汇的大额代理交易。这样可以降低企业的交易成本，避免大的机构对市场价格水平的垄断。

最后，完善意愿结售汇制度，为汇率市场化提供政策支持。我国目前采取经常项目50%比例强制结售汇，境内企业（包括中资企业和外商投资企业，不含金融机构）外债资金均可按照意愿结汇方式办理结汇手续。同时，境内机构资本项目外汇收入实行意愿结汇，比例暂定为100%。一方面，对于尚未放开强制结售汇的经常项目，应择时予以适度放开，扩大银行外汇头寸的上下限，增加居民的日常用汇金额，发挥企业、银行和居民对外汇储备的调节能力，企业出口创汇应自愿保存或自愿结汇，允许出口企业按一定比例或按外汇局核定的最高限额意愿保留现汇，之后逐步过渡到全额意愿结汇制；逐步放宽对国内居民售汇的条件和限制，做到藏汇于民。这样可使汇率风险由不同的微观主体来承担，增强市场中的其他主体相对于央行的市场力量，有助于平衡外汇市场上供求结构，使人民币汇率能够真实地反映国内的外汇供需形势，为央行的公开操作提供准确的信息。央行可以根据市场行情和政治意图，自主决定外汇市场公开操作的时机、方向和规模。另一方面，对于已经放开强制结售汇的资本项目，由于其短期投机性与高杠杆性，应加强资质审核，防止出现利用意愿结售汇便利进行套利平仓、资本转移等风险事件发生。

8.4.4　稳定人民币汇率预期

通过本课题脉冲响应与方差分解结果可以得出，2014年之前的单边升值与当前的大幅贬值趋势中，汇率预期均起到了显著的强化与助推作用，小周期内的调控汇率中间价、央行入市干预与加强资本流动管制这些非市场化措施只是短期权宜之计，长期大周期内会"开汇率改革的倒车",非但不能从根本上解决问题,反而会强化贬值预期积累,增加未来汇率下跌的压力,带来更大的系统性风险。因此汇率改革的核心是在大周期内推行汇率市场化,在小周期内通过稳定人民币汇率,抑制过度波动加以配合,这其中的关键在于引导和稳定汇率预期,确保央行对汇市舆论和市场预期的主导地位,是避免汇率频繁剧烈震荡的关键。

首先,央行需要向市场传递清晰、准确的汇率政策目标,打消市场对人民币汇率无底线贬值的恐惧。虽然有限沟通可以让决策者保留更多政策灵活性与独立性,但是在极端情况下,市场就会以悲观的方式对政策做出反馈,人民币汇率微小的走弱会被市场解读为央行放任汇率波动,同时大幅度的升值会被解读为不可持续,因此引发套利平仓的信号,从而导致贬值预期大幅增强,反而压缩汇率政策空间。

其次,央行在向市场公布了汇率目标区间后,必须要表现出坚守目标的决心,以维护央行市场权威为核心。根据 Woodford 政策预期理论,对于市场反应来说,重要的不是央行做了什么,而是市场预期相信央行会做什么。目前我国外汇储备虽有消耗,仍然超过 3.3 万亿美元,足够支付我国 20 个月的进口,而且我国国际收支状况仍然健康,2016 年外汇储备与外汇占款流出速度放慢,服务项目逆差收窄,FDI 小幅回升,因此,我国仍有足够空间干预汇率,维持汇率稳定,只要央行表现出维护汇率稳定的坚定态度,并在一定时间内切实维持汇率水平稳定,则可以树立政策信誉。

最后,应避免突发性、预期之外的政策。预期之内的政策会在预期形成的时候对市场产生影响,而且被市场预期到的政策还会引导市场预期,从而加强其政策效果。超出预期的政策会在政策推出之时对市场带来显著的影响,这种是一次性的,效果相对剧烈,具有系统性的特点,而且在长期内会摧毁央行政策的可信度。就人民币汇率来说,如果现在再来一次性大幅贬值,将带来灾难性的后果,冲击全球经济。

同时,可以提高汇率决策的行政层级,增强我国汇率政策的信誉。尽管我国高层领导有时会就人民币汇率发表看法,但实际上人民币汇率政策的决策权在央行。同时,央行还是外汇市场的主要参与者。因此,市场往往会通过央行日度操作的变化来推测货币政策导向是否发生了变化，造成市场预期敏感于汇率走势的波动，既不利于汇率稳定，又挤压了央行基于内部均衡的货币政策的操作空间。如果能把汇率决策权上升，由国务院来发布汇率目标区间，则既能增强目标的可信度，也能把人民银行从市场聚焦的目光中解放出来，从而能更灵活地协调汇率政策与货币政策，更好地实现内部外部同时均衡。

8.4.5 规范发展离岸金融市场，推进人民币国际化

首先，要扩大跨境贸易人民币结算，初步建立离岸金融市场。我国在人民币跨境贸易结算方面已进行了一些尝试。2009年7月6日，国务院决定在上海和广东4个城市与港澳及东盟的货物贸易进行人民币结算试点，这被外界视为人民币国际化元年。2010年6月22日，跨境贸易人民币结算试点地区由上述五城市扩大到北京、天津、内蒙古、辽宁、上海、江苏、浙江、福建、山东、湖北、广东、广西、海南、重庆、四川、云南、吉林、黑龙江、西藏、新疆等20个省（自治区、直辖市）；试点业务范围包括跨境货物贸易、服务贸易和其他经常项目人民币结算；不再限制境外地域，企业可按市场原则选择使用人民币结算。

跨境贸易人民币结算涉及的环节包括：贸易经营权管理、货物进出口报关、资金清算安排体系、进出口收付汇核销、资金真实性审核、出口退税管理等等，因此必须加强商务、海关、银行、外汇、税务等各个职能机构的协调，才能构建一个畅通的人民币用于国际结算的机制（殷剑峰，2009）。同时还应配合其他政策支持，如在提供外援或优惠贷款的时候使用人民币支付，有助于帮助外国政府或企业购买中国产品，通过贸易渠道形成人民币回流机制。还应促进人民币在私人部门的使用，实现外国的银行或企业可以向中国的商业银行贷款，中国的商业银行可以提供人民币贷款。外国投资者可以购买中资机构在境外发行的人民币证券以促进货币回流。

其次，要加强政府推动，制定并实施优惠政策。我国构建离岸金融市场必须得到政府的强有力支持和推动，而制定和实施优惠政策是政府推动的主要形式。这些优惠政策可包括：（1）税收优惠，逐步实行自由外汇制度，免提存款准备金、存款保险金，降低对流动性比率和清偿力

的要求等。(2)进一步加快金融体制改革,尤其是要加大国有商业银行体制的改革力度。国有商业银行要尽快转换经营机制,一切经营活动要以实现资金流动性、盈利性、安全性为主要目标,按照价值规律和市场竞争原则从事融资活动,并拥有一套较为科学的、现代化的内部管理体系。(3)完善金融监管制度,健全监督制约机制。在市场准入监管方面,应建立严格的离岸金融机构的设立和审批制度;在业务经营监管方面,应根据有关离岸银行监管的国际惯例,对离岸银行的信用风险、市场风险、利率风险、流动性风险、国家风险和转移风险、操作风险等各种风险实施全面风险管理。

最后,推动境内外人民币外汇交易,丰富人民币计价的金融产品。通过提供更多与人民币全球配置、跨境流动相适应的市场工具和管理手段,在人民币开启双向波动的阶段,使离岸市场的发展动力由主要依靠人民币升值预期和境内外价差套利交易等,转向发展金融产品的丰富和深化。一是加速拓展境内金融市场深度和广度,扩大金融市场规模,不仅逐步开放境外人民币 QFII、RQFII 回流渠道,扩大境外人民币资金投资境内金融市场规模,同时还吸引非居民持有以人民币定价的资产。二是积极推进证券交易所国际板建设,通过发展香港作为内地投资的门户市场,连接境外投资者与内地金融市场,逐步扩大"沪港通""深港通",开展离岸人民币的存放、融资、外汇交易,以及人民币计价金融产品创设与投资等业务,为境外人民币回流提供畅通的渠道。三是丰富金融市场上的人民币交易衍生品,推出多币种、多期限的结构化金融工具,为各国投资者提供成本低、安全性高和流动性强的投资与风险管理工具,具体体现为推动大宗商品期货上市,积极稳妥发展其他权益类金融期货期权产品,以及利率、外汇期货期权产品等。

同时,需要注意人民币逐渐走向国际化后带来的汇率预期与汇率波动风险。一方面,跨境贸易人民币结算使得更多的本币在境外流通,被境外的居民、企业和政府持有,这将使货币需求函数、货币乘数变得更为复杂和易变,从而加大央行对货币数量控制的难度,可能会迫使央行更多地将利率作为调控目标。另一方面,外国投资者对本币的投机性需求也会成为影响本国汇率的新的因素,如果外国投资者对本国货币的需求是由于外部冲击引起的，而非与本国的经济基本面相关，则可能给境外资本机会做空离岸人民币，制造贬值预期，从而撬动在岸市场，加剧汇率的波动与超调风险。避免这一切风险必须加快汇率制度改革的步伐，使得汇率机制更加灵活，加强对资本流入流出的监管，达到缓冲外部冲击的目的，防止投机资本利用离岸市场阻碍人民币国际化进程推进效果。

8.5　资产价格泡沫调控政策

在各种因素的综合作用下，国内资产价格呈现不断上升趋势，财富效应吸引国际资本流入，后者促成了国内资本价格的长期增值预期，尽管这种预期是内外多种因素形成的，但其结果却是外部资金打破正常的市场秩序，在中国借机获利。因此，不仅需要在利率和汇率政策上进行调控，还有必要采取进一步举措对资产价格进行调整，构建房地产调控的长效机制，以稳定房地产市场。

8.5.1　完善土地供应及房屋供应结构管理

（一）加快推进土地供应机制改革

房地产价格从本质而言，是市场中供给和需求的真实体现。而要抑制房地产市场的非理性波动，需要抓住波动产生的根源，调节土地供给错配、房屋供应结构失衡、局部流动性过剩等问题，抑制泡沫产生。

土地作为自然资源，供应相对不足，且城市住宅用地的比例偏低，存在占地面积大且产出低的企业。因此，我国土地供应存在区域错配的现象，三四线城市土地供应盈余，一线城市应对土地供应实行钉住机制，实施地区间的人地挂钩，对人口净流入的城市按流入量增加建设土地供给，对人口净流出的城市减少建设土地供给，从而优化土地供给结构，降低一线城市发展的土地约束，避免三线城市房地产过度发展导致的鬼城现象。在人口持续流入的一线城市，政府应在提高存量土地使用效率的情况下有效增加土地供应量，对工业用地完善存量用地倒逼机制，提高土地利用政策的刚性约束力，避免企业批而未用、圈地惜售的现象。通过加强对存量土地的查处力度，能够有效提高投机土地的成本，在一定程度上减缓土地供应不足导致的地价、房价上升。

我国实行土地国有制，理论上相比实行土地私有制和混合制的许多国家具有先天的管理和调控优势，如何使我国珍贵的土地资源有效开发利用，有必要就此制定一套科学的行政干预机制和体制，适当增加竞争，形成公平有序的房地产市场。同时，地方政府应在土地管理中扮演更加有效而公正的角色，在房地产的行政审批过程中应遵循适度原则，遏制土地价格的无度升高，对地方的土地和房地产应有长期规划，而不应仅仅把土地当成"摇钱树"和"政绩之源"。国家还应进一步完善财税体制改革，增加地方政府的财政收入，缓解地方政府卖地补贴财政的压力。地方政府还应控制土地拍卖价格，合理地按照当期周边房价来按比例制定土地价格上限，避免"地王"的产生，从而打击房地产开发企业恶意炒作，哄抬地价。

（二）增加热点城市房屋有效供给

第一，"用好存量"，通过现有房屋用途转换提高存量房有效供给水平。一方面，提高保障房比例，降低低收入人群购房需求与压力。我国房屋供应存在结构失衡的现象，现有保障性住房比例不足20%，存在保障房建造融资难、分配难的问题，因此，在确保财政资金、土地出让金等稳定政府资金来源的基础上，政府应积极探索社会融资方式，如房地产信托投资基金（REITs）模式、建设-经营-转让（BOT）模式、公共私营合作制（PPP）模式，协调各种市场主体，调动闲置的社会资本参与保障房建设。同时，解决保障房分配问题应完善我国保障房相关法律，细化申请人资格审核办法，完善申请人资格公示、轮候的相关制度，确保分配过程公开透明，完善监督惩戒机制，鼓励居民对违规行为进行举报，加大对骗租骗购者的处罚力度。另一方面，通过效仿"雄安模式"，在热点城市周围建立"都市圈"、"城市群"及近年来迅速发展的"特色基金小镇"，将三四线闲置房屋存量转变为一二线城市的可用资源，通过产业经济功能的部分迁移提高热点城市有效供给。

第二，"用好增量"，适度提高热点城市的居住性房屋供给水平。热点城市房价水平过度上升的重要背景是居住性房屋的增速不及人口流入速度。因此，政府在适度增加热点城市土地供给、及时将成熟地块推向市场的基础上，明确规定建设性用地用于居住性房屋建造的比例，同时还应保障新建居住性房屋周围教育、医疗、安全等方面的配套设施建设，确保居住性房屋增量供给的质量。

8.5.2 完善我国住房租赁体系

（一）优先推进公租房体制改革

在一线城市房价收入比过高、限购政策频出的背景下，房屋租赁是居民代替购房的最佳选择。我国首先应当完善公租房租赁体系，在保证以公租房为主体的保障房覆盖面达到20%的基础上，合理地对公租房租赁对象进行等级划分并严格制定划分标准，科学制定公租房的租金和租期。公租房不但要让服务对象有房住，还应合理地配套医疗、教育等公共服务设施。由于公租房租赁对象只能购买公租房使用权，5年内不能上市交易，且5年后多数只能按照购买价加同期银行活期存款利息回售给国家，在一定程度上可以抑制房地产价格上涨。

（二）大力支持商品租赁房建设

由于公租房数量有限，我国还应完善商品房租赁市场。我国应完善房屋租赁的相关法律，增强房东与房客的契约意识，保护二者的合法权益。支持专业机构参与租赁市场的运营管理，增强租赁市场的效率和透明度。大力发展房屋租赁不仅能够在一线城市缓解居民购房压力，降低购房需求，还可以在三四线城市中有效地去库存。

（三）加快个体租赁房市场流通

我国住房租赁体系存在黑中介多、从业人员平均专业素养低、收费水平不合理等问题。由于居民无法承担购房成本，对租房产生刚性需求，导致其在与房屋租赁中介议价的过程中处于劣势，因此完善我国住房租赁体系需要对中介机构进行整顿。首先，政府应建设租赁住房服务平台，通过发布房源信息、合同签署情况、登记备案情况确保房源的真实性和有效性。对租赁中介进行备案、对合规中介进行网上公示，从根源上断绝"黑中介"的产生。其次，政府应鼓励房地产企业与租赁企业合作开展租赁业务，丰富租赁市场房源。支持国有企业、院校、社会资本建设或购买住房向社会出租，丰富租赁市场供给者类型。同时，政府应引导租赁中介规模化经营，鼓励境外租赁企业进入国内市场，监督租赁中介对租赁人员进行培训，提升租赁人员的专业技术水平和服务质量。最后，政府应完善住房租赁市场法律建设，明确租赁流程，规定房屋质量的各项最低标准，明确租赁市场供求双方及中介的权利和义务，完善惩罚机制。

8.5.3 强化金融政策力度

随着我国金融市场不断深化，房地产市场金融化程度不断加深，在货币供给量连续增长，金融工具不断创新的背景下，投机者在楼市的融资方式越来越丰富，出现了高杠杆融资的现象。由于楼市兼有投资属性和居住属性，政府在抑制投机需求、控制楼市形成资产泡沫的同时，应保障居民能够承担"刚需"购房的成本。因此，政府应对楼市进行定向加息，对不同城市和不同档次的购房者实施不同的政策，定向降低楼市杠杆率。

（一）推进房地产商去杠杆

政府应从源头上控制房地产金融市场的风险，推进房地产商在拿地融资过程中去杠杆。一方面，提高房地产商利用自有资金拿地的最低比例，禁止房地产商通过银行贷款、私募、理财产品等方式借钱拿地。在开发阶段，禁止房地产商通过银行贷款、发债以外的渠道进行多账户高息借款。在售楼阶段，应严格监督居民购房贷款渠道的合规性，禁止购房者通过房地产中介、房地产开发商进行违规贷款，从而减缓个人房贷的过快增长。

（二）楼市调控定向加息

房地产价格上升在很大程度上得自于宽松的货币政策，在市场繁荣、财富分配集中、流动性充裕、融资成本较低的情况下，催发了一部分过度旺盛的投资投机需求与自住住房需求，企业开发与个人投资热情高涨。在这一过程中，如果政策过激，不能提前调整，则房地产泡沫很容易产生。现阶段我国市场流动性趋于紧缩，但是一线城市与二线热点城市楼市依然过热，房地产泡沫已经产生。央行在提高货币政策工具利率、压缩信贷规模时，应"因城施策、适度施策"，保持合理稳定的货币供应量增速，为房地产市场创造良好的货币流通环境，避免过度调控导致市场快速下滑。

对一线城市和热点二线城市，政府可以在保证一套房首付比例不变的前提下提高二套房及以上的首付比例，在鼓励刚需性购房的同时有效地遏制投机性购房需求。提升首付比率将加大对投机者当期现金流的占用，降低其投资收益率，从而有效地抑制投机性需求。提升首付比率还可以优化刚需性和改善性购房需求的结构。在楼市上涨的过程中，投资者会产生楼市上涨预期，导致其在不具有购房能力时产生恐慌性购房需求。通过提升首付比率抑制恐慌性购房需求可以缓解房地产市场供求矛盾，遏制房地产资产价格过度上涨。政府还可以继续提高二套房及以上的房贷利率。由于首套房完全可以满足家庭刚需性住房需求，二套房及以上的购房需求多为改善性需求和投机性需求。由于购房全款基数大，提高房贷利率将显著增加购房者每期还款数额，增加购房者资金占用，降低投机型购房者的购房杠杆，抑制房地产资产价格过度上涨。政府还应督促银行机构合理使用贷款杠杆，对高档住宅适当提高利率；对中低端住宅给予利率优惠政策，从而在保证刚需性住房需求的同时遏制投机性需求。

8.5.4 规范外资进入房地产市场

近年来，我国逐步放宽对外资进入房地产业的管制。外资借助政策漏洞大举进入中国金融房地产市场的现状，给房地产市场带来了巨大的压力，国际市场通常有对外资进入本国房地产行业的限制，而我国对跨境资本流动及汇兑管制显然存有空白，因此，应从加强外资投资房地产动机监管与加强外资投资房地产额度监管两个方面进行规范限制，建立严格的外资房地产准入机制。

我国人民银行、外汇管理局与外汇交易中心等监管机构应对境外机构资金大规模的流入流出行为加以限制：一方面，应从需求层面入手，对投资者设置投资资金上限，购房者必须说明购房用途并要获得政府或中央银行的审批，不符合规定者禁止购房，限制境外投资基金大量购买境内房地产，改变对购买房地产的外资的监管口径，强化对外资房地产企业和中介机构的市场准入审批，尤其防止非房地产外资企业变相涉足房地产市场，严格限制投机性炒房、操纵房价的行为，一经发现要及时处罚，并引导资金流向其他领域。另一方面，相关部门应加强对相关楼盘售房的管制，从供给层面进行监管，增加投机者购房门槛，降低投资房地产市场的相对收益。

除控制外资进入房地产市场外，还应限制其流出，要在外资撤出环节增设门槛，紧守汇兑的流出闸门，比如塞浦路斯，对用外汇购买的房地产，每年出售汇出境外的款项不得超出总金额的三分之一。由此既防止外资大量流入，渗透到房地产开发、基础设施建设等支柱型产业，挤出国内资本，造成实体产业空心化和资本市场泡沫化，又防止本币贬值预期与经济下行周期下资本大幅度外流导致的支柱产业崩塌与资产价格泡沫破裂，进而引发债务危机与金融机构的系统性风险。

8.5.5 加强税收管理，提高投机成本

外资流入房地产行业根本上是追求最初源于巨额的、国内利润空间，通过税收调节行业利润空间将有效地抑制房地产过热，打消热钱流入动机。首先，我国的房地产增值税较低，助长了境外热钱在我国房地产的投机。我国土地增值税实行四级超率累进税率，根据增值额未超过扣除项目金额50%的部分，超过扣除项目金额50%、未超过扣除项目金额100%的部分，超过扣除项目金额100%、未超过扣除项目金额200%的部分，超过扣除项目金额200%的部分进行划分，对高级别的增值额征收更高的税率，从而定向提高增值税将有效降低投机者收益率，有助于房地产市场良性发展。其次，对持有期不足5年的房屋可以提高个人所得税税率。再次，政府可以通过征收新税种来增加投机者的持有成本，从而规避投机现象。房产税、物业税和房屋空置税都是可行的选择。房产税按房屋的计税余值或租金收入对产权者进行征税，可以有效提高房屋持有者在持有期间的持有成本。房产税可以实行差别税率制，按自然人持有的所有房地产人均面积或总价值进行差别征收，对高平均面积或高价值部分征收高税率，同时也可以按地区征收不同的税

率，对热点城市征收更高的房产税。但是，政府在征收新税种时应考虑新税种与原有税种的重复关系，避免重复计税，并将房产税合理地运用到当地教育、医疗等公共基础设施的建设中。利用税收政策抑制投机的关键是降低房地产买卖收益率，打击投机者房价上涨的心理预期，减少投机者的资产升值利得，使其自动退出市场，抑制境外热钱流入动机。如德国自有自用的住宅不需要缴纳不动产税，而商品房则需要缴纳不动产税、交易税、差价盈利税等等，极大地压缩了炒房者的利润空间。

8.5.6 建立房地产价格预警机制

建立房地产价格预警机制有利于预测房地产市场走势，及时反映房地产市场泡沫程度，为政府实施有效的宏观调控提供指引。房地产泡沫的产生因素多，产生机制复杂，想要建立一套对房地产价格预警的系统存在相当大的难度，但研究房地产的真实价格、房地产行业泡沫运行机理，有必要建立一套完善的，能够评估房地产的真实价格的系统，估测市场中被国际热钱所拉高导致超调的部分，从而得知在热钱流出后价格将回落到何种均衡价位，对房地产市场风险进行有效的预判与管理。建立房地产价格预警机制需要一系列指标，包括房地产同国民经济协调指标、房地产发展指标、房地产库存指标、房地产价格指标、房地产投机指标。房地产同国民经济协调指标包括房地产投资率、房地产投资额/城镇化率、地价增长率/GDP增长率等。房地产同国民经济协调指标反映出房地产相对国民经济发展和居民收入增长的发展速度，可以为楼市提供价值指引，为其他指标提供参考。房地产发展指标包括房地产开发投资额增长率、土地转让面积增长率等，反映房地产市场的发展状况与冷热程度。房地产库存指标包括销售率、库存销售比等，反映现有市场对房屋的消费能力，通过此类指标可以计算出房地产库存周转天数，可以反映房地产去库存的压力程度。房地产价格指标包括房价收入比、房价租金比、居民部门利息保障倍数、新房名义市值对居民最大购买力占用比例等，可以反映现阶段房地产泡沫程度。房地产投机指标包括还贷收入比，已售房屋空置率等，可以反映开发商、购房者的资金杠杆大小和房地产投机程度。在完善房地产价格预警机制理论的基础上，我国宜尽快构建房地产市场基础信息数据库、监测指标数据库和信息发布共享数据库，形成采集、分析、整合、预警一整套房地产价格预警系统。

8.6 资本监管政策

资本监管政策对于限制短期国际资本的流入是有效的，能够推迟风险的集中爆发。虽然资本监管政策在短期内难免会挫伤投资者信心，但如果以一定的资本监管避免了币值的大幅波动预期及资本的大规模流动的冲击，从长期来看，也有助于增强投资者对我国经济稳定与发展的信心。

8.6.1 疏堵结合，完善外资流动监管政策

（一）稳步放松资本管制

一些发展中国家曾试图通过财政手段限制资本流入。比如智利曾要求企业外币储蓄必须同时存入20%～30%的1年期无偿准备金；墨西哥曾规定商业银行海外借款不得超过总负债的10%，同时要为这类借款向央行支付高达15%的准备金；印度尼西亚曾规定海外借款的规模上限；泰国也曾对海外借款利息征收10%的利息税。上述这些措施的出台大都基于利率平价理论背景，认为利差或汇差是影响变动的主要因素，通常着眼于借助储蓄存款限制外资流入，而事实证明，虽然这些政策在短期内对降低资本流入量或影响其构成方面发挥了作用，但长期而言，资本流入的情况并没有得到彻底扭转，同时政策实施时间越长，这种限制就变得既无效又对该国金融体系产生破坏性的影响。因此，我国应适度放开资本管制，鼓励正常的贸易往来，在具有真实贸易背景的国际收支项下，允许资本在一定范围内自由流动。

2015年，外管局提出进一步有序提高跨境资本和金融交易可兑换程度，并加强跨境资金流动监测的预警和风险应对。同时国家外汇管理局发布通知，进一步简化和改进直接投资外汇管理政策，促进和便利了

企业跨境投资资金运作，提升了管理效率。2016年，我国提出了全口径跨境融资宏观审慎管理、进一步开放我国的债券市场和 QFII、RQFII 制度的改革，并优化"沪港通"，启动了"深港通"。2017年4月，国家外汇管理局表示，"打开的窗户"不会再关上，不会再走到资本管制的老路上，而应审慎有序地推动资本项目的开放。同时，"债券通"作为提供跨境现货债券交易及结算，实现互联互通策略的重要一环，正在加快推进其进程。

（二）国际收支预警体系

市场的连接、货币的可兑换、产品的多样化和投资者在不同市场之间的转换，都增加了风险的关联性和传染性并考验监管者的调控能力。构建预警体系对短期流动资本进行监控，并使体系运作更完善，反映更灵敏，对策更有效，是监管的重点。同时，我国外汇资产规模大，外资流入涉及项目繁杂，有必要建立权威、高效的针对短期资本流动的监测体系，评估其对国内资本市场的影响，对异常跨境资金出入对国家经济金融安全造成的威胁早做准备。因此，应进一步加强对国际收支统计、外汇账户、外债以及外汇交易的监测，优化数据来源，建立国际收支预警体系，加强数据的时效性和准确性，建立实时、全面、动态的信息支持系统，形成高效的监管机制，以方便监管部门及时掌握短期资本流动情况，防范跨境资金异常流动风险。在此基础上，完善应对跨境资本过度流入和集中流出的应急预案。

8.6.2　有效识别并监管热钱流动

对外汇购买实施分开管理，防止流入国内的人民币资产置换成美元资产再带离国内，从而减缓这一小周期事件对人民币贬值的压力。加强对资本流出的管制，对盲目的、非理性的对外投资行为进行监管，构建对短期资本流动严密的监测管理。监管体系应该包括反映国内外宏观经济走势、跨境资本流动趋势、与贸易和直接投资相关的资本流动等相关指标。严厉打击人民币离岸市场的恶意空头，尤其是涉及国内重要资产投资的，应增加资本的流出成本，既可以通过降低远期套利收益控制即期资本流入，又可以防范出现短期大笔资金外逃的局面，遏制对中国金融稳定形势的潜在冲击。

（一）查处虚假贸易交易与贸易信贷

虚假贸易单据和以虚假贸易为背景的贸易融资是通过我国国际收支中宽松的贸易账户转移国际资金的重要渠道。大量的境外融资机构借贸易的形式使资金流入我国国内进行套利，一般是通过压低进口、抬高出口实现，导致大量热钱流入，给国际收支和人民币汇率带来很大压力。自 2008 年 7 月 14 日起，外贸企业出口收汇时将依照相关部门颁布的《出口收结汇联网合查办法》，建立待核查账户，实施出口收结汇联网核查。银行通过联网核查系统查实属于正常范围的贸易资金流动时进行收汇核注，企业方可办理资金结汇或者划出手续。实施出口收汇联网核查的目的是通过将企业出口收结汇情况与其海关货物出口情况加以核对，加强企业预收货款与未来实际出口的跟踪监管。这一办法试图对无真实贸易背景的资金借用贸易渠道流入境内投机获利起到一定的防范作用，也用于防止未来资金大规模流出造成潜在的债务风险。2017 年 3 月 28 日，国家发改委、海关总署等 33 个部门联合签署《关于对海关失信企业实施联合惩戒的合作备忘录》，其中声明将对向海关申报虚假进出口信息，造成统计数据失真的企业，要实施联合惩戒。国家外汇管理局自 2017 年 5 月起，在全国范围内向商业银行开放报关电子信息，用于对货物贸易外汇业务真实性的审核，此前，商业银行仅能审核贸易单据表面的真实性，而对单据背后的交易细节和真实性却无从得知，政策侧重的"报关信息核验"功能可大大增强对贸易背景的真实性审核，对企图利用单证重复购付汇、虚构贸易背景办理业务的企业起到警示作用。

贸易信贷方面，外管局 2008 年起就对货物贸易的对外债权实行了登记管理，对企业贸易项下的预收货款、延期付款、预付货款和延期收款实行网上登记管理，从负债和资产两个方面主要针对进口部分的贸易信贷进行管理与统计，防范可能的资本流出。具体而言，进口预付货款和出口延期收款等贸易合同都需要提前到外管局进行登记，外管局再进行相关收售汇额度的核减。但这一手段也间接增加了仓储成本，使得进口贸易中货物在港口停留时间大大延长。

查处虚假贸易，在宏观层面上应保持对国际收支中贸易顺差超额增长的监测，当贸易顺差增长额大幅高于预期水平或占 GDP 比重大幅跃升时，应警惕虚假贸易的活跃。在微观层面上应加大对贸易收支异常企业，特别是远期贸易融资规模异常增长且具有典型套利交易特征企业的监测核查力度，采用差别化监管与处罚模式，按照货物贸易外汇管理有关规定进行分类管理，对守法合规的企业给予便利化支持，对列为 B 类或 C 类的企业予以重点监管。

（二）审核直接投资的真实性

随着美联储加息，资本正从新兴市场国家流向美国等发达国家，显然全球资本正加速流动，以规避风险或寻求更高收益。2015 年上半年仅 6 个月的时间里，从中国流出的对外房地产领域的投资额高达 66 亿美元，几乎占了亚洲流出投资总额的 1/3，其中不乏隐蔽在直接投资下转移资产的虚假直接投资业务。再加上我国吸引外商来华投资的力度较大，2016 年，中国 FDI 全球排名第三，在新兴市场中排名第一，同时随着结构性改革的持续推进和经济的增长，我国吸引直接投资的潜力依然很大；在"一带一路"建设稳步推进、境内"走出去"进行全球优化配置进程有序开展中，直接投资项目在我国资本项目流动中占有越来越重要的地位，因此直接投资真实性的审核具有必要性与迫切性，应该主要从以下两个方面开展：

一是持续推进外商投资管理体制改革。2015 年 9 月，国务院在发布的《关于构建开放型经济新体制的若干意见》中明确，要创新和完善外商投资监管体制，在吸引与开放外商来华投资的同时，需加强监管，建立外商投资信息报告制度和外商投资信息公示平台并充分发挥其作用，各部门信息共享、协同监管外商投资。2016 年 10 月，商务部发布《外商投资企业设立及变更备案管理暂行办法》，同时国家发展改革委和商务部联合发布公告，确定外商投资准入特别管理措施范围，除外商投资准入特别管理措施范围内的投资行为以外，其他投资一律向政府备案。由此，我国外商投资管理的重点突出体现在完善信息共享机制与备案机制。备案制度下，对企业的行为并不是简单的"放而不管"，备案机构对外商投资企业或其投资者提交的备案信息和相关文件形式上的完整性和准确性进行核对，对申报事项是否属于备案范围进行甄别，在外商投资企业设立及变更审批备案后，事中事后监管就变得尤为重要。外商投资通过信息平台提交材料进行备案，高效便捷，而以备案制度为基础，各部门通过真实的备案信息运用信息共享平台互联互通、协同监管，在提高监管效率的同时，更提高了外商投资全周期监管的科学性、规范性和透明度。

二是利润汇出满足基本条件。外商直接投资的根本目的在于赚取利润，利润汇出或在境内再投资是其必然选择。而外商投资利润积累到一定规模或受政策动向的引导将大规模汇出，从而给国际收支带来压力。我国外汇管理政策规定外商来华直接投资基本可兑换，增资、减资等资金兑换和支付不受限制，外商在中国赚取的利润既可以在中国再投资也可以汇回本国，但在汇出时应满足四个基本条件，包括按要求弥补以前年度亏损、有董事会利润分配的决议、有经审计的财务报告和在中国完税的证明。以上四个基本条件可以在一定程度上限制外商在国内的资本突然大规模流出，同时，也可作为对外商投资监管的又一环，在审核利润汇出需满足条件的同时，对需要利润汇出的外商企业经营状况和其真实性进行审核，防止热钱借道直接投资大规模流动，冲击境内产业结构，带来流动性风险，影响货币政策稳定性。

（三）谨防以QFII、RQFII等渠道流动的国际热钱

QFII机制是国外投资机构到境内投资的资格认定制度，而RQFII指人民币境外投资者。在这一机制下，任何打算投资国内资本市场的都必须通过合格机构进行证券买卖。以此也便利了对资本的监管，还可以在一定程度上限制热钱的流入，抑制境外投机性游资对本国经济的冲击，促进资本市场健康发展。如今其在配置及额度限制上愈发灵活化，将进一步对境外投资资金形成吸引效应。2016年中旬，中国证监会表示，允许符合条件的外商独资和合资企业申请登记成立私募证券基金管理机构，境外机构投资者进入国内资本市场的私募通道也正在日渐畅通。针对此次允许登记的外资私募证券基金管理机构，证监会在资质方面用三项条件来明确：私募机构为在中国境内设立的公司；其境外股东为所在国家或者地区金融监管当局批准或者许可的金融机构，且境外股东所在国家或者地区的证券监管机构已与中国证监会或者中国证监会认可的其

他机构签订证券监管合作谅解备忘录；私募机构及其境外股东最近三年没有受到监管机构和司法机构的重大处罚。但当前政策缺少对准入机构可使用资本与实际使用资本相关的审查限制政策，投机者可以通过购买QFII投资者未使用的投资额度，借道QFII与RQFII，利用政策性投资便利实现资本的流入，也可以伪装成QFII与RQFII利润汇回，实现套利收益的流出。因此，监管政策应将重点放在审查可用额度的使用状况上，严格限制外商机构来华投资额度的交易，避免国际热钱冲击阻碍资本项目开放与人民币国际化进程。

（四）从反洗钱、反避税角度管理地下钱庄热钱

通过地下钱庄进行跨境洗钱、避税其实是全世界政府相关部门关注的焦点。跨境洗钱中，有很大比例是合法的资金，主要通过现金走私、替代性汇款体系、经常项目下的交易形式、投资形式、信用卡工具、离岸金融中心、海外直接收受以及通过在境外的特定关系人转移资金等方法。而针对税收，跨国纳税人利用不同国家或地区税收的差别、漏洞、特例和缺陷，规避或减少其总纳税额。随着中国资本账户开放程度的不断加深，跨境资本流动的管理难度也在不断加大。我国可以从加强反洗钱、反避税的角度，对无序的跨境资本流动进行调控。

本课题实证研究发现，当前阶段的资本流出已由"外资外流"转变为"内资外流"模式，境内个人主体的看空预期主导了资本流出，因此对于跨境洗钱、资产转移的监控，应主要建立在对个人购汇的约束上。2016年，央行多次下发文件，对跨境消费、转账、换汇等业务进行严厉监管。2017年1月1日起，个人购汇申报需要细化到用途和时间；《金融机构大额交易和可疑交易报告管理办法》将大额现金交易报告标准由20万元下调至5万元，以人民币计价的大额跨境交易报告标准为20万元；个人购汇不得用于海外购房及投资等未开放的资本项下交易。银行卡已成为个人出境使用最主要的支付工具，据统计，2016年境内个人持银行卡境外交易总计超过1 200亿美元。加强银行卡境外信息的采集报送，有利于完善结售汇统计体系和境外资金使用追踪机制，是我国反洗钱、反恐怖融资等国际金融合作的必然要求，因此自2017年9月1日起，境内发卡金融机构向外汇局报送境内银行卡在境外发生

的全部提现和单笔等值 1 000 元人民币以上的消费交易信息，反映了银行卡跨境交易统计在金融交易透明度、统计数据质量等方面的进一步提升和反洗钱监管力度的再升级。这符合监管和控制资本外流的需要。

在全球化反逃避税的浪潮下，各国政府为跟上反逃避税风潮，采取大规模补税、国别报告以及金融账户自动交换机制，打击利用跨境金融账户的逃税避税行为。国家税务总局、财政部、人民银行、银监会、证监会、保监会联合发布《非居民金融账户涉税信息尽职调查管理办法》要求，2017 年 7 月 1 日后，拥有各种海外账户的中国富人的金融资产，将被各国的税务机关进行信息交换。如果是中国护照持有者，或者长期居住在中国的外国人，在海外的金融资产将对中国税务机关是透明的，其全球收入都将依法给中国纳税。当前阶段，我国应提高资产核查力度，无论是针对离岸公司还是个人的海外资产转移，均应逐步加强和完善，通过与多个国家联网、信息共享、签署双边协议等方式，进一步健全落实实施制度，限制资本以避税为真实目的的流动。

8.6.3　宏观审慎管理政策

相比于发达国家，新兴经济体资本的流动更容易伴随跨境资本流动风险的出现。新兴经济体受到宏观经济不稳定、金融体系不稳健因素等影响，更难以抵御跨境资本流动的冲击，易导致金融风险的产生与放大。因此，在有序开放人民币资本项目的同时，应积极改革资本项目管理方法，逐步用宏观审慎和市场型工具的管理方法代替行政性审批。

（一）事后监管手段为主

取消包括事前审批在内的行政管理手段，转为以事后登记为主的监测管理，同时逐步建立跨境资本流动的宏观审慎监管框架。传统的汇兑管理采用微观的审批管理方式，宏观的审慎管理则是通过税收和准备金，或通过资产负债表匹配进行管理，具有减震器的作用。新兴经济体在构建宏观审慎监管体系方面的经验值得借鉴，例如智利采取的无息准备金制度（URR），要求所有不同期限的外债均须在智利中央银行指定账户无息存入其融资总额的 20% 作为准备金。

（二）采用价格型调节工具

减少或取消额度管理等数量型管理工具的使用，更多地采用价格型工具调节跨境资本流动。价格型工具主要包括托宾税等，例如韩国要求境内金融机构根据所持外债期限长短设定不同比例的宏观审慎稳定税，还要求外国人在购买韩国国债和货币稳定债券后需缴纳额度为15.4%的预扣税。这些规定旨在约束跨境资本流动与投机性交易。中国人民银行（2012）指出，资本项目可兑换水平较高的国家或地区，如OECD国家，更倾向于采用审慎性管理等价格调节措施；资本项目可兑换水平较低的国家和地区，如土耳其、捷克、韩国等，较多采用额度限制等行政性措施。可见，资本项目开放需要配合更加灵活、有效的资本管理工具。2015年9月，为了完善宏观审慎管理框架、防范宏观金融风险，央行开始对开展远期售汇业务的金融机构收取20%的外汇风险准备金，这是针对跨境资本流动实施宏观审慎监管的尝试。

参考文献

[1] 克鲁格曼，奥伯斯法尔德. 国际经济学［M］. 海闻，蔡荣，郭海秋，等译. 5版. 北京：中国人民大学出版社，2002.

[2] 蔡璟霞. 关于利率平价理论的分析［J］. 市场论坛，2006（4）.

[3] 陈仪，张鹏飞，刘冲. 二元经济环境下的巴拉萨-萨缪尔森效应——对人民币实际汇率的再考察［J］. 金融研究，2018（7）.

[4] 曹志鹏. 利率平价理论在中国的实证检验：2006—2008［D］. 济南：山东大学经济学院，2008.

[5] 陈岱孙，厉以宁. 国际金融学说史［M］. 北京：中国金融出版社，1991.

[6] 杜金珉，郑凌云. 利率平价理论对我国汇率决定的适用性探讨［J］. 学术研究，2001（3）.

[7] 鄂永健，丁剑平. 差别消费权重、生产率与实际汇率：动态一般均衡模型对巴拉萨-萨缪尔森假说的扩展［J］. 世界经济，2007（3）.

[8] 范剑. 利率平价模型在中国的表现形式及约束条件研究［J］. 时代经贸，2006（8）.

[9] 高海红. 实际汇率与经济增长：运用边限检验方法检验巴拉萨-萨缪尔森假说［J］. 世界经济，2003（7）.

[10] 高志红，侯杰. 巴拉萨-萨缪尔森命题研究综述［J］. 经济评论，2006（4）.

[11] 何光辉，杨咸月．利率平价理论的发展及其政策涵义分析［J］．上海经济研究，1999（12）．

[12] 何慧刚．人民币利率-汇率联动协调机制的实证分析和对策研究［J］．国际金融研究，2008（8）．

[13] 何慧刚．中国利率-汇率联动协调机制："利率平价模型"视角［J］．求索，2007（4）．

[14] 黄小蓉，李娥．利率平价视角下的利率-汇率联动［J］．中国商界，2009（1）．

[15] 江春，刘春华．利率平价理论的分析与探讨［J］．经济管理，2007（20）．

[16] 姜波克，陆前进．汇率理论和政策研究［M］．上海：复旦大学出版社，2000．

[17] 凯恩斯．货币改革论［M］．方福前，译．北京：商务印书馆，1986．

[18] 寇军中．利率平价对人民币汇率的适用性分析［J］．金融财经，2008（6）．

[19] 雷达，刘元春．人民币汇率与中国货币政策研究［M］．北京：中国经济出版社，2006．

[20] 卢锋，刘鎏．我国两部门劳动生产率增长及国际比较（1978—2005）——巴拉萨-萨缪尔森效应与人民币实际汇率关系的重新考察［J］．经济学（季刊），2007（2）．

[21] 李惠芬．短期资本流动机制的运行［J］．经济问题，2009（8）．

[22] 丁剑平，刘健，于群．非贸易部门工资水平在实际汇率决定中的作用——误差修正模型对中国与日本汇率的检验［J］．上海财经大学学报，2003（5）．

[23] 李伟杰．利率-汇率联动：理论综述与实证检验［J］．当代经济管理，2009（8）．

[24] 连升．基于利率平价理论的人民币远期汇率研究［D］．厦门：厦门大学经济学院，2007．

[25] 刘兴华．论我国利率平价机制的制度约束及表现形式［J］．金融与经济，2002（10）．

[26] 吕随启．国际资本流动的冲击与利率平价方程的解释［J］．国际金融研究，2000（3）．

[27] 林毅夫．关于人民币汇率问题的思考与政策建议［J］．世界经济，2007（3）．

[28] 马明，刘洁宁．人民币对美元利率平价分析［J］．广东金融学院学报，2008（11）．

[29]　潘国陵. 利率平价理论的发展 [J]. 世界经济研究，1992 (4).

[30]　唐国兴. 现代汇率理论及模型研究 [M]. 北京：中国金融出版社，2003.

[31]　陶旭城. 利率平价、远期外汇市场和远期汇率 [D]. 成都：西南财经大学金融学院，2000.

[32]　唐旭，钱士春. 相对劳动生产率变动对人民币实际汇率的影响分析——哈罗德–巴拉萨–萨缪尔森效应实证研究 [J]. 金融研究，2007 (5).

[33]　汪小亚. 我国资本账户开放与利率–汇率政策的协调 [J]. 金融研究，2001 (1).

[34]　王彬. 利率平价理论对人民币汇率的适用性分析 [J]. 经营管理者，2008 (11).

[35]　王军青. 利率平价机制与人民币汇率 [J]. 上海经济研究，2000 (6).

[36]　王维国，关大宇. 中国出口商品生产效率结构与汇率关系的实证分析——新视角下巴拉萨–萨缪尔森效应的解释 [J]. 数量经济技术经济研究，2008 (12).

[37]　王雪珂，姚洋. 两国相对生产率与巴拉萨–萨缪尔森效应：一个经验检验 [J]. 世界经济，2013，36 (6).

[38]　王泽填，姚洋. 结构转型与巴拉萨–萨缪尔森效应 [J]. 世界经济，2009 (4).

[39]　谢长，常坤. 世界银行低估发展中国家的购买力平价吗——基于修正的巴拉萨–萨缪尔森效应的测度研究 [J]. 当代财经，2016 (2).

[40]　徐建炜，杨盼盼. 理解中国的实际汇率：一价定律偏离还是相对价格变动？ [J]. 经济研究，2011 (7).

[41]　熊原维. 利率平价理论在中国的适用性分析 [J]. 上海金融，2004 (12).

[42]　薛宏立. 浅析利率平价模型在中国的演变 [J]. 财经研究，2002 (2).

[43]　荀玉根. 利率平价理论在中国的表现及修正 [J]. 河南金融管理干部学院学报，2007 (4).

[44]　荀玉根. 利率平价视角下我国利率与汇率的联动性及政策协调 [D]. 上海：上海社会科学院，2008 (5).

[45]　薛宏立. 利率平价理论对中国的适用性研究 [D]. 北京：中央党校，2000 (5).

[46]　杨长江. 人民币实际汇率长期调整趋势研究 [M]. 上海：上海财经大学出版社，2002.

[47]　杨帆. 理论与政策：关于人民币汇率走势的讨论 [J]. 管理世界，2003 (6).

[48]　叶佳. 利率平价模型在中国的适用性和表现形式 [J]. 西南农业大学学报：社科版，2007 (8).

[49] 叶莉，郭继鸣. 基于利率平价的国际资本流动对新兴金融市场冲击的理论探讨 [J]. 河北工业大学学报，2001（8）.

[50] 易纲，范敏. 人民币汇率的决定因素及其走势分析 [J]. 经济研究，1997（10）.

[51] 俞颖. 东亚金融一体化研究——基于实际利率平价理论的分析与探讨 [J]. 山西财经大学学报，2009（1）.

[52] 张萍. 利率平价理论及其在中国的表现 [J]. 经济研究，1996（10）.

[53] 张昕，朱睿民. 利率平价、资本流动与人民币汇率的决定 [J]. 财经科学，1999（6）.

[54] 张乐，张玲玲. 浅析利率平价机制在我国的适用性及制度约束 [J]. 经营管理者，2008（14）.

[55] 张艳芳. 利率平价理论在我国的实证研究 [D]. 哈尔滨：哈尔滨工业大学经济与管理学院，2007（7）.

[56] 张占威. 人民币汇率决定过程中利率平价的影响 [D]. 苏州：苏州大学东吴商学院，2007（4）.

[57] 赵博. 浅析我国利率平价模型的表现形式及制约因素 [J]. 云南财贸学院学报：社科版，2003（4）.

[58] 郑春梅，肖琼. 利率平价理论与人民币汇率关系的分析 [J]. 经济问题，2006（12）.

[59] 张明. 人民币汇率升值：历史回顾、动力机制与前景展望 [J]. 金融评论，2012（2）.

[60] 钟云波. 试论利率平价理论在我国运用的修正 [J]. 广州市财贸管理干部学院学报，2000（2）.

[61] 赵颖岚. 抵补利率平价理论在中国的适用性分析 [J]. 技术与市场，2008（1）.

[62] 赵颖岚，倪克勤. 中美实际汇率与两部门劳动生产率的实证研究 [J]. 投资研究，2011（11）.

[63] Asea P K. The Balassa-Samuelson Model：An Overview [J]. UCLA Economics Working Papers，1994，2（3）：191-200.

[64] Aliber. The Interest Rate Parity Theorem：A Reinterpretation [J]. The Journal of Political Economy，Vol. 81，No. 6（Nov. -Dec.，1973），1451-1459.

[65] Balassa，Bela. The Purchasing-Power Parity Doctrine：A Reappraisal [J]. Journal of Political Economy，1964，72（6）：584-596.

[66] Chung-Han K. Balassa-Samuelson Theory and Predictability of the US/

UK Real Exchange Rate [J]. International Economic Journal, 2000, 14 (3): 101-121.

[67] Dooley, Isard. Capital Controls, Political Risk, and Deviations from Interest-Rate Parity [J]. The Journal of Political Economy, Vol. 88, No. 2 (Apr., 1980), 370-384.

[68] Egert B, Drine I, Lommatzsch K, et al. The Balassa-Samuelson effect in Central and Eastern Europe: Myth or reality? [J]. Journal of Comparative Economics, 2003, 31.

[69] Eaton, Turnovsky. Covered Interest Parity, Uncovered Interest Parity and Exchange Rate Dynamics [J]. The Economic Journal, Vol. 93, No. 371 (Sep., 1983), 555-575.

[70] Fabrizio, Coricelli, Boštjan, et al. Real exchange rate dynamics in transition economies [J]. Structural Change & Economic Dynamics, 2004.

[71] Fair. Estimated Output, Price, Interest Rate, and Exchange Rate Linkages among Countries [J]. The Journal of Political Economy, Vol. 90, No. 3 (Jun., 1982), pp. 507-535.

[72] Gregory. Testing Interest Rate Parity and Rational Expectations for Canada and the United States [J]. The Canadian Journal of Economics, Vol. 20, No. 2 (may, 1987), 289-305.

[73] Hollifield, Uppal. An Examination of Uncovered Interest Rate Parity in Segmented International Commodity Markets [J]. The Journal of Finance, Vol. 52, No. 5 (Dec., 1997), 2145-2170.

[74] Ito T, Isard P, Symansky S. Economic Growth and Real Exchange Rate: An Overview of the Balassa-Samuelson Hypothesis in Asia [J]. Nber Chapters, 1997: 109-132.

[75] Froot, Rogoff. Government Consumption and the Real Exchange Rate: The Empirical Evidence [J]. 1992.

[76] Kouretas. Identifying Linear Restrictions on the Monetary Exchange Rate Model and the Uncovered Interest Parity: Cointegration Evidence from the Canadian-U. S. Dollar [J]. The Canadian Journal of Economics, 1997: 875-890.

[77] Lewis V J. Productivity and the Euro-Dollar Real Exchange Rate [J]. Review of World Economics, 2007, 143 (2): 324-348.

[78] Mishkin. Are Real Interest Rates Equal Across Countries? An Empirical

Investigation of International Parity Conditions [J]. The Journal of
Finance, 1984: 1345-1357.

[79] McCurdy, Morgan. Tests for a Systematic Risk Component in
Deviation from Uncovered Interest Rate Parity [J]. The Review of
Economics Studies, Vol. 58, No.3 Special Issue: The Econometrics of
Financial Markets, 1991: 587-602.

[80] Rogoff K. Traded Goods Consumption Smoothing and the Random
Walk Behavior of the Real Exchange Rate [J]. Monetary and Economic
Studies, 1992.

[81] Robert S, Alan H. The Penn World Table (Mark 5): An Expanded Set
of International Comparisons, 1950-1988 [J]. Quarterly Journal of
Economics (2): 327-368.

[82] Stein. The Forward Rate and the Interest Parity [J]. The Review of
Economics Studies, 1965: 113-126.